Hermann Baumgarten

**Karl V. und die deutsche Reformation**

Hermann Baumgarten

**Karl V. und die deutsche Reformation**

ISBN/EAN: 9783744654661

Hergestellt in Europa, USA, Kanada, Australien, Japan

Cover: Foto ©ninafisch / pixelio.de

Weitere Bücher finden Sie auf **www.hansebooks.com**

# Karl V.

und

## die deutsche Reformation.

Von

### Hermann Baumgarten.

Halle 1889.
Verein für Reformationsgeschichte.

# Vorwort.

Der Leser dieser Skizze wird nicht erwarten, in ihr eine gleichmäßig ausgeführte Schilderung des großen Kampfes zu finden, welchen Karl V. vierunddreißig Jahre lang gegen die deutsche Reformation geführt hat. Es kam mir hauptsächlich darauf an, zu erzählen, was der Kaiser bis zum Jahre 1530 für die Herstellung des Katholizismus im Reiche gethan hat und die Umstände klar zu legen, welche es ihm unmöglich machten, damit zum Ziele zu kommen. Denn mit diesem Jahre 1530 war die große Frage in der Hauptsache entschieden. In vielen wichtigen Punkten weicht meine Auffassung von der bisher üblichen ab. Ich würde sie deshalb sehr viel genauer haben begründen müssen, als das hier geschehen ist, wenn nicht in den zwei ersten Bänden meiner Geschichte Karls V. diese Begründung gegeben wäre. Auf sie muß ich diejenigen Leser verweisen, welche den Dingen mehr auf den Grund zu gehen wünschen. Was ich über die Zeit nach 1530 sage, will nicht mehr sein als eine rasche Uebersicht, die mir aber doch unentbehrlich schien.

Straßburg, im Januar 1889.

Hermann Baumgarten.

Es ist das Schicksal aller geistigen Mächte zu allen Zeiten und unter allen Völkern gewesen, in ihrem Walten und Wirken zu beträchtlichem Grade von äußeren Umständen bestimmt zu werden. Der einzelne Mensch mag von dem stärksten Drange erfüllt sein, die hohen Ziele seines religiösen, künstlerischen, wissenschaftlichen Strebens zu erreichen: wie weit es ihm gelingen soll, das hängt fast ebenso sehr von der Gunst der äußeren Verhältnisse ab, als von dem Maße seiner Kräfte. Und ebenso sehr wie der Einzelne ist ein Volk an diese Gunst gebunden. Wie oft sind die hoffnungsreichsten Bewegungen durch einen unglücklichen Krieg erstickt worden, wie oft die schönsten Anläufe durch den verderblichen Einfluß mächtiger Personen verkümmert! Wie oft umgekehrt in sich schwache Keime zu stolzem Wachstum dadurch gefördert worden, daß das Glück sie in seine sonnige Pflege nahm! Es ist eben das Gesetz aller menschlichen Entwicklung, daß sie sich im Ringen der inneren Triebe mit der Macht der Welt vollziehe.

Ein gesundes Volksleben pflegt seine schützende Hand über Alles auszubreiten, was die Volksseele tief bewegt. Ist aber das Dasein eines Volkes verkümmert oder erkrankt, so geraten auch die besten und reinsten Bestrebungen unter den Druck feindseliger Einwirkungen, dem sie zwar vielleicht nicht völlig erliegen, der sie aber im besten Falle empfindlich schädigt. Das ist, wie Alle wissen, das Schicksal unseres Volkes in den Tagen Luthers gewesen.

Niemals ist ein Volk gewaltiger von einer religiösen Bewegung ergriffen worden, als die Deutschen damals, da der Wittenberger Mönch seine mächtige Stimme gegen Rom erhob.

Und der Drang des frommen Gemüts, welcher die Millionen dem Manne zujubeln ließ, der es endlich vom Drucke der Scheinheiligkeit befreite, den Weg zu Gott, welchen ein verweltlichtes Priestertum versperrte, weit aufthat, dieser Drang wurde durch unzählige mehr oder weniger verwandte Tendenzen verstärkt. Die Gemeinde wollte sich von den verdrießlichen Vorrechten eines ihre Ordnung störenden Klerus befreien, der Klerus selbst die Last abschütteln, welche römische Hab- und Herrschgier ihm auferlegt, der Staat die Einmischungen einer fremden Macht und ihre Geldansprüche abweisen. Mit der Frömmigkeit machte der Patriotismus gemeinsame Sache und den erhabensten Triebfedern traten die gewöhnlichsten, aber deshalb nicht weniger starken Berechnungen des Vorteils zur Seite. Schon als Luther gen Worms fuhr, waren seine Lehren tief in die Massen des Volkes eingedrungen. Die Boten des Papstes jammerten, daß dieses ganze deutsche Wesen für Rom so gut wie verloren sei. Nur eine zuverlässige Stütze sei dem heiligen Vater geblieben: der junge Kaiser.

Je mehr man sich mit dieser Persönlichkeit, mit diesem Karl V. beschäftigt, welcher nicht nur für die Reformation und Deutschland, sondern für die ganze Welt verhängnisvoll werden sollte, desto mehr erstaunt man über die wunderbaren Verschlingungen menschlicher Schicksale, welche seine Regierung von Anfang bis zu Ende bestimmen und ebenso durch sie hervorgerufen werden. Als er am 24. Februar 1500 in Gent das Licht der Welt erblickte, schien der Gang der allgemeinen Entwicklung mit unwiderstehlicher Macht dahinzuführen, daß das durch die letzten Jahrhunderte in allen seinen Grundlagen untergrabene Mittelalter beseitigt und eine neue Ordnung der Dinge begründet werde. Das geistige Leben der Völker bewegte sich frohlockend auf frischgebahnten Wegen. Der Weltverkehr sah jedes Jahr neue Fernen erschlossen. Die Nationen arbeiteten daran, die letzten Reste der hierarchischen Weltordnung abzustreifen und ihr Staatswesen nach ihren besonderen Interessen einzurichten. Die beiden Schwerter der päpstlichen und kaiserlichen Macht waren stumpf geworden. Weder die empörende Gottlosigkeit Alexanders VI., noch die fahrige Unbeständigkeit Maximilians I. war dazu angethan, Autoritäten wieder aufzurichten, an deren Sturz die letzten Jahrhunderte so erfolgreich gearbeitet hatten.

Nun kam dieses Kind von Gent, dieses arme gebrechliche Kind einer wahnsinnigen Mutter, das den frühverstorbenen Vater kaum gesehen, um das die Großväter einen unbarmherzigen Kampf führten, welches von niederländischen, spanischen und deutschen Einflüssen hin= und hergerissen, von französischen und englischen Wünschen bestürmt wurde, das seine ganze Jugend hindurch nie aus dem Gedränge feindseliger Umtriebe und widersprechender Interessen den Ausweg finden konnte — nun kam dieser bleiche Knabe mit den blöden Augen und der hängenden Unterlippe, und ihm sollte es gelingen, die Welt noch einmal, wenn auch nicht ganz in die mittelalterlichen Irrwege zurückzustoßen, so sie doch noch einmal unter den recht empfindlichen Druck derselben zu stellen.

Mit unendlicher Langsamkeit verändern sich die großen Mächte, unter deren Herrschaft das Leben der Völker dahinschreitet. Dritthalb Jahrhunderte waren seit des letzten wirklichen Kaisers Tode verflossen und doch lebte der Kaisergedanke noch in der Welt. Die fast aller wirklichen Macht längst entkleidete Krone blendete noch immer die Augen der Fürsten und die Vorstellungen der Menschen. Als Maximilian noch in rüstigster Manneskraft durch die Welt fuhr, quälte die Staatsmänner schon die Frage, wer ihm einst in der kaiserlichen Würde nachfolgen werde. Da sein einziger Sohn längst abgeschieden war, konnte er nur an seinen Enkel Karl denken. Nun war dieser Karl nicht nur Maximilians, sondern zugleich der Katholischen Könige, der Herrscher von Spanien, Enkel und Erbe, regierte seit dem Früh= ling 1516 thatsächlich dieses gewaltige spanische Erbe, das eben in der neuen Welt unermeßliche Dimensionen gewann, zu dem auch Neapel und Sizilien gehörten.

Seit einem Jahrhundert hatte es für die Welt nicht viel bedeutet, wer die höchste Würde in der Christenheit gewann. Friedrich III. hatte durch die Kaiserkrone nichts von wirklicher Macht erlangt, und an seinem Sohn Maximilian war es nur zu deutlich geworden, daß es einen Fürsten mehr hemmte als förderte, wenn er an der Spitze des heiligen römischen Reiches deutscher Nation stand. Was war das Reich als ein Chaos widerstreitender Interessen, als ein Labyrinth, durch welches auch der schärfste Blick und der kräftigste Wille keinen Weg finden konnte zu gesunder, fruchtbarer Thätigkeit? Die Welt hatte sich deshalb lange nicht viel darum bekümmert, ob der deutsche Kaiser so oder so hieß. Nun aber lagen jetzt die Dinge ganz anders. Die Kaiserkrone hatte freilich auf dem Haupte eines machtlosen Fürsten wenig bedeutet: wie aber, wenn ein mächtiger Herr sie in die Hand nahm? Ruhten in ihr nicht unzählige, unermeßliche Ansprüche und Rechte? Hatte diese kaiserliche Gewalt nicht einst weithin über die Nachbarlande geboten, in Italien, Burgund, Lothringen tiefgreifenden Einfluß geübt? Wenn sie einen Träger fand, welcher diese alten Rechte und Titel zu beleben die Kraft besaß, dann konnte sie eine Gefahr für alle selbständig gewordenen Reiche werden. Ueber diese Macht aber schien der junge Karl in unerhörtem Maße zu verfügen. Wie gewaltig hatte doch Spanien seit dreißig Jahren in die europäischen Geschicke eingegriffen, besonders in dem großen Kampf um die Herrschaft über Italien! Wenn nun dieser Karl, welcher mit der spanischen Macht die reichen Niederlande und die deutsche Erbschaft seines Großvaters verband, die Krone gewann, bedrohte er dann nicht die Selbständigkeit der Nachbarn? Vor allem Frankreichs, welches sich dann fast auf allen Seiten von dieser kaiserlichen Uebermacht umklammert sah?

Auf dem französischen Throne saß aber seit einigen Jahren ein junger stattlicher Herr von überquellender Kraft und Lust, voll körperlicher und geistiger Fähigkeiten, dem das Glück gleich im Beginn seiner Regierung mit einem höchst glänzenden Siege, den er vor den Mauern Mailands erfocht, zugelächelt hatte. Dieser ruhmreiche Franz I. empfand es als eine ganz unerträgliche Benachteiligung, wenn der junge spanische König über ihn durch die Erwerbung der Kaiserkrone erhöht werden sollte. Ja, er empfand es als eine persönliche Kränkung, wenn dieser kümmerliche Karl, der noch nichts gethan und von dem es zweifelhaft schien, ob er je etwas thun werde, wenn der die höchste Würde der Christenheit gewinne. Er beschloß diesem Aergernis dadurch zuvor zu kommen, daß er sich selbst um die Krone bewerbe.

So streckten die beiden mächtigsten Gebieter des Festlandes die Hand aus nach der Herrschaft über das deutsche Reich. Schon Jahre vor Maximilians Tode begann ihr heißes Ringen. Als er aber im Januar 1519 die Augen geschlossen, setzten die beiden jungen Rivalen, man möchte sagen Himmel und Hölle in Bewegung, einander die Stimmen der deutschen Kurfürsten abzujagen. Höchst seltsamer und höchst beklagenswerter Zustand! Denn wie sich auch die Herren, welchen das unselige Vorrecht zugefallen war, deutscher Nation ihr Haupt zu küren, entscheiden mochten, ob sie dem Franzosen oder dem Spanier den Vorzug gaben, immer stellten sie die deutschen Geschicke unter fremden Einfluß. Aber was lag ihnen an den deutschen Geschicken! Etwa von dem sächsischen Kurfürsten, Friedrich dem Weisen, abgesehen fragten sie Alle nur, was ihrem besonderen Vorteil am besten zusagen würde. War es doch im deutschen Reiche längst außer Uebung gekommen, etwas anderes als das engste Sonderinteresse zu verfolgen. Wenn sie nun aber dieses erwogen, gerieten sie in ein peinliches Gedränge widerspruchsvoller Berechnungen. König Franz konnte ihre Stimmen mit großen Summen bar bezahlen. Er konnte ihnen mancherlei sonstige Vorteile zuwenden, zumal durch den Beistand seines Freundes, des Papstes. Aber er war ein gar mächtiger Herr, der vielleicht in Deutschland eine ähnliche monarchische Autorität aufrichtete, wie in Frankreich. Was wurde dann aus den Kurfürsten? Und seine Macht saß in unmittelbarer Nähe, konnte fort und fort auf Deutschland drücken. Von dem fernen spanischen Könige, dessen Persönlichkeit bisher nie bedeutend hervorgetreten war, ließ sich das weniger fürchten. Aber freilich, konnte er die versprochenen Summen, welche doch von allen Vorteilen am hellsten in die Augen leuchteten, auch wirklich bezahlen?

Es gab doch eine Zeit, wo Franz I. das entschiedene Uebergewicht zu haben schien. Nun aber regte es sich im deutschen Volke, besonders am Rhein. Der Franzose sollte über den Enkel des höchst populären Maximilian siegen? Daß dieser Enkel deutschem Wesen kaum weniger fremd war, als der Franzose, daß er wie dieser in französischer Zunge aufgewachsen war, wußte oder bedachte man nicht. Von der verhängnisvollen Tragweite der Verbindung mit Spanien hatte man keine Ahnung. Ganz besonders aber erhitzte sich das Volksgemüt darüber, daß der Papst in der derbsten Weise für den Franzosen Partei ergriffen, Karl für unwählbar erklärt hatte, weil der König von Neapel nie Kaiser sein könne. Denn dem Papst grollten die Deutschen längst, ehe sie Luthers Stimme vernommen. Diese Volksstimmung für Karl wurde zuletzt so mächtig, daß den Kurfürsten keine Wahl zu bleiben schien. Am 28. Juni 1519 wählten sie einstimmig Karl.

Wenige Tage darnach geschah es, daß Luther in Leipzig dahin geführt wurde, den bis dahin doch immer noch nicht ganz unheilbaren Bruch mit der römischen Kirche zu vollziehen. Und nun grub er die Kluft, die ihn von dem alten Glauben schied, mit wunderbarer Schnelligkeit so tief, daß keine Macht der Welt sie auszufüllen vermochte. Das Jahr 1520 brachte die gewaltigen Schriften, welche einer neuen Welt des Glaubens, aber auch des Empfindens und Handelns die Thore öffneten. In demselben Jahre betrat der junge Kaiser zum ersten Male das Reich. Auf der Schwelle desselben empfing ihn die große Schicksalsfrage, ob er für oder gegen Luther sein werde. Eine Schicksalsfrage für ihn wie für Luther, für Deutschland und für die ganze Welt.

Aber es war für ihn keine Frage, konnte für ihn keine sein. Dieser junge, eben zwanzigjährige Herr hatte zwar bisher in seiner Regierung fast nur traurige Erfahrungen gemacht, die traurigste in Spanien, das sich in demselben Augenblicke zu bedrohlicher Revolution erhob, wo er die Schiffe bestieg, um die deutsche Herrschaft anzutreten. Und so wenig ihm bisher äußere Erfolge zu Teil geworden waren, so wenig hatte ihm seine innere Entwickelung ein Recht gegeben, die Welt mit kühnen Plänen zu umspannen. Aber trotz aller körperlichen Hinfälligkeit und der Unreife seiner geistigen Kräfte, trotz allem politischen Misgeschick lebte in ihm bereits mit merkwürdig starker Ausprägung ein auf das Höchste gerichteter Ehrgeiz und das Bewußtsein, Gott habe ihn zu kaiserlicher Gewalt berufen, damit er die von inneren und äußeren Feinden bedrohte Christenheit, die von der Macht der Türken und von der Bosheit der Ketzer gefährdete heilige römische Kirche zu altem Glanz aufrichte. Was lange bei den Kaisern nur leere Phrase gewesen war, das erfüllte diesen jungen Herrscher mit der Wärme religiöser Ueberzeugung, daß er das wirkliche Oberhaupt der Christenheit, der wahrhaftige Schutzherr der Kirche zu sein habe. Seine politischen und religiösen Grundanschauungen und Interessen standen in fester Harmonie. Er konnte nicht über so weit entlegene, so grundverschiedene Gebiete, wie Spanien, die Niederlande, Neapel, Deutschland, über seine amerikanischen und afrikanischen Besitzungen wirklich herrschen ohne eine hoch über die nationalen Besonderheiten hinaus ragende Autorität; diese Autorität war nur in der hierarchischen Kaisergewalt zu finden, in der die ganze Christenheit umspannenden, ihre weltlichen wie ihre kirchlichen Angelegenheiten überwachenden Oberhauptschaft. Der durch seine ganze Stellung auf die Universalherrschaft hingewiesene Gebieter mußte in der Weltkirche seine wesentliche, eine ganz unentbehrliche Stütze erblicken. Mochte der Papst in dem schweren Wahlkampfe ihn noch so sehr geschädigt haben, den Druck seiner weltlichen Macht fort und fort noch so sehr mit scheuem Argwohn betrachten, ihm blieb die Freundschaft dieses Papstes unentbehrlich. Wie er seine kaiserliche Aufgabe ansah, mußte er mit dem Papste Hand in Hand gehen. Und mit dieser politischen Grundanschauung stand die persönliche religiöse Ueberzeugung in vollstem Einklang. Karl V. war im innersten Herzen, durch und durch gläubiger Sohn der heiligen apostolischen römischen Kirche.

So fügte es sich, daß in demselben Augenblicke, wo das deutsche Volk in allen seinen Tiefen von Luthers Wort erregt wurde, an seine Spitze ein Herrscher trat, welcher durch alle seine Interessen und Gefühle sich unlöslich an Rom gebunden sah. Auf dem ewig denkwürdigen Wormser Reichstage des Jahres 1521 stießen diese beiden Vertreter unversöhnlicher Richtungen, der Schöpfer einer neuen Glaubenswelt und der Schirmherr der alten Kirche, persönlich auf einander. Der Kaiser konnte nicht einmal die Sprache, geschweige denn den Sinn des Reformators verstehen. Das Auftreten Luthers, welches die Deutschen entzückte, erfüllte den fremden Herrscher mit tiefer Entrüstung. Er sah in dem Thun des Mönchs nur gottlose Empörung, frevelhaften Abfall von den unantastbaren Satzungen und Ordnungen, an welche das Heil der Christenheit gebunden sei. In seinem übrigen Handeln noch ganz an den Rat der klugen Männer gebunden, welche seine unerfahrene Jugend gelenkt hatten, riß er sich in dieser großen Lebensfrage von allen Erwägungen politischer Zweckmäßigkeit, von allen Einflüssen seiner Umgebung los und verkündete aus seines Herzens Grund dem Zerstörer des alten Glaubens tötliche Feindschaft. Und er wußte es einzurichten, daß die Stände des Reichs, zwar mit Luthers radikaler Absage an den römischen Glauben keineswegs einverstanden, aber von seinen Angriffen auf die römischen Misbräuche tief bewegt, der unbedingten Verdammung zuzustimmen schienen, welche der Kaiser über diese neue Ketzerei zu verhängen nötig fand. Luther wurde in des Reichs Acht gethan. Niemand im Reiche sollte diesem gottlosen Ketzer Unterkunft oder Nahrung bieten, wer seiner habhaft werde, ihn dem Kaiser ausliefern. Seine Bücher sollten vernichtet, im ganzen Reiche nichts mehr ohne Erlaubnis der geistlichen Obrigkeit gedruckt werden.

In einem geordneten Staatswesen wäre damit das Schicksal der neuen Lehre besiegelt gewesen. Kam das Wormser Mandat zur Ausführung, so gab es auf deutschem Boden für Luther keinen Raum mehr. Aber das heilige Reich, wie der Kaiser sich stets ausdrückte, war das Gegenteil wirklicher Staatsordnung. Die Beschlüsse von Kaiser und Reich, wie feierlich immer verkündet, besaßen nichts von der Autorität eines Gesetzes, dem sich Jedermann fügen müsse. Vielmehr that jeder einzelne Stand des Reichs, wie ihm seine besonderen Verhältnisse und Interessen rieten. Kaiser und Reich hatten Luther verdammt, aber das Volk jubelte ihm zu. Die Massen dieses Volks waren seit lange in bedenklicher Gährung; tausend Misstände wirtschaftlicher, politischer, sozialer Art regten seine Unzufriedenheit auf. In Luthers Lehre meinte es die Kraft zu erkennen, welche aus allen diesen Nöten zu erlösen vermöge. Wer hätte es gewagt, dieser Stimmung gegenüber an Luther die Hand zu legen, der überdies zunächst durch seines Kurfürsten Vorsicht den Blicken der Menschen entrückt worden war?

Nur der persönliche Wille des jungen Kaisers hatte die schonungslose, unbedingte Verurteilung Luthers in Worms herbeigeführt; nur dieser Wille hätte sie durchführen können. Aber kaum hatte der Kaiser in Worms den wenigen noch anwesenden Ständen sein Urteil auferlegt, so riefen ihn die Sorgen seines weiten Reiches aus Deutschland ab. König Franz rächte sich in schwerem Kriege für die Niederlage, welche ihn im Wahlkampfe betroffen. Hatte er Karl die Kaiserkrone nicht entreißen können, so sollte derselbe ihrer wenigstens nicht froh werden. Es begannen die großen Kämpfe, welche Karl sein ganzes Leben hindurch nicht zur Ruhe kommen ließen, ihn ebenso in Spanien wie in den Niederlanden und Italien bedrohend. Mit allen seinen Kräften von der Verteidigung seiner Besitzungen in Anspruch genommen, bald für lange Jahre in das ferne Spanien abgerufen, mußte er das Reich dem Spiel seiner eigenen Antriebe überlassen.

War so der mächtige Arm gefesselt, welcher sich in Worms zu vernichtendem Streiche gegen Luther erhoben hatte, so wurde durch andere Umstände die höchste geistliche Autorität behindert, deren eigentlicher Beruf es gewesen wäre, die deutsche Ketzerei mit dem Aufgebot der letzten Kraft zu bekämpfen. Durch nichts ist die Reformation wesentlicher gefördert worden als dadurch, daß das Papsttum gerade damals seinen kirchlichen Aufgaben völlig entfremdet war.

Italien hatte sich im 15. Jahrhundert nicht nur zur Hauptpflegestätte des neuen künstlerischen und wissenschaftlichen Geistes erhoben, welcher eine tiefgreifende Wiedergeburt des europäischen Lebens heraufführte; es hatte namentlich auch eine Staatskunst ausgebildet, welche frei von allen mittelalterlichen Idealen und Phantasien nur den unmittelbaren Gewinn von Macht und Genuß erstrebte und zwar mit einem bis an die äußersten Grenzen getriebenen Raffinement. Dieser neue Geist der Renaissance, ein durchaus weltlicher, ja heidnischer, nur auf irdische Ziele gerichteter Geist gewann mit dem Beginne des 16. Jahrhunderts Rom zu seiner Hauptstadt. Der kriegerische Julius II., der kunst- und lebensfrohe Leo X. mußten den Kirchenstaat zum Mittelpunkte dieser humanistischen, auf Macht und Glanz, auf literarischen und künstlerischen Genuß gerichteten Welt zu erheben. Das Dichten und Trachten dieser Päpste war ganz und gar im Umkreise weltlicher Gedanken und Empfindungen beschlossen. Die Grenzen des Kirchenstaats, oder noch lieber des eigenen Familienbesitzes zu erweitern, in dem diplomatischen oder kriegerischen Ringen der Großstaaten ihrer Tage eine hervorragende und gewinnbringende Rolle zu spielen, in allen Welthändeln die Hand zu haben, in alle Weltdinge einzugreifen zur Erhöhung ihres Ansehens, ihres Einflusses, ihres Reichtums, aus allen Ländern der Christenheit möglichst starke Zuflüsse in ihre Kassen zu leiten, welche den ungeheuren Ansprüchen ihrer politischen und künstlerischen Unternehmungen nie genügen konnten, das füllte ihre Seele aus, welche von diesen Anstrengungen sich erholte im Genuß der schönsten Kunstwerke, bei Saitenspiel und Becherklang, in Jagden und theatralischen Aufführungen oft der leichtfertigsten Art.

Da Leo X. aus dem Hause Medici im Jahre 1513 zum Papst gewählt war, rief er frohlockend: laßt uns das Papsttum genießen, da Gott es uns verliehen hat! Er hat es gethan. Die Kirche, an deren Spitze er gestellt war, galt ihm lediglich als Quelle der Macht und des Genusses. Alle seine Handlungen trugen den Charakter des italienischen Kleinfürsten, der gern weltlich groß geworden wäre. Selbst in den wichtigsten Augenblicken seines Lebens, in solchen, welche sonst auch den niedriger gerichteten Menschen zu heben pflegen, kam er nicht über diese kleinlich egoistische Anschauung hinaus. Ob er mit König Franz ein Konkordat abschloß, welches auf die ganze Zukunft der französischen Kirche den stärksten Einfluß übte, oder ob er sich über die Kaiserwahl zu entscheiden hatte, das Interesse der Kirche verschwand ihm stets hinter den Berechnungen seiner weltlichen mediceischen Politik.

Ganz besonders deutlich offenbarte sich der durchaus unkirchliche Sinn dieses Papstes in seinem Verhalten zur Kaiserwahl. Wenn er die beiden Hauptbewerber um die Krone, Karl und Franz, miteinander maß, konnte er keinen Augenblick zweifeln, daß die römische Kirche die Wahl des eifrig katholischen, durch alle Verhältnisse auf unversöhnliche Feindschaft mit Türken und Ketzern hingewiesenen Karl auf das lebhafteste wünschen müsse. Aber seine Familieninteressen hatten den Papst zu Frankreich geführt; die Hand des Franzosenkönigs war stets voller und offener als die des Spaniers; der Herr des Kirchenstaats erblickte in Karl nicht den zuverlässigen Vorkämpfer gegen Türken und Ketzer, sondern den lästigen neapolitanischen Nachbar. Und so that dieser Leo Alles, um einem Herrscher die Kaiserkrone aufs Haupt zu setzen, welcher später der Bundesgenosse der Türken und lange eine Hauptstütze der Ketzer werden sollte. Ja, noch mehr. In einem Augenblicke, wo es dem Papst zweifelhaft wurde, ob der französische König die Stimmen der Kurfürsten gewinnen werde, ging er so weit, die Wahl des Kurfürsten Friedrich zu empfehlen, desselben Friedrich des Weisen, welcher über Luther seine schützende Hand hielt.

Es währte lange, bis ein so gesinnter Papst die Gefahr würdigte, welche ihm von Wittenberg drohte. Aber auch als sie ihm klar geworden war, ließ er sein Verhalten gegen den jungen Kaiser in keiner Weise durch die Erwägung bestimmen, daß nur dieser Karl den Abfall Deutschlands hindern könne. Noch während der Wormser Verhandlungen nahm er die Miene an, als ob ihn das Auftreten des Kaisers gegen Luther durchaus nicht dazu verpflichte, diesem Kaiser die Hand zum festen Bunde zu reichen. Als Karl der römischen Kirche bereits einen geradezu unschätzbaren Dienst durch seine schroffe Erklärung gegen Luther geleistet hatte, schwankte der Papst noch immer, ob er sich mit diesem wahrhaften Schirmherrn der Kirche, mit diesem ihrem gläubigsten und eifrigsten Sohne, oder mit König Franz verbinden solle, welchem die kirchlichen Dinge sein ganzes Leben gleichgültig gewesen sind. Nicht die Rücksicht auf das Wohl der Kirche, sondern die kleinlichsten weltlichen Interessen und Empfindlichkeiten bestimmten den Papst schließlich zum Bündnisse mit dem Kaiser.

Nun also waren endlich die beiden Schwerter vereinigt. Aber sie kehrten sich nicht gegen den Ketzer, sondern gegen den Franzosen. Alle Gedanken der beiden Häupter der Christenheit waren jetzt nicht auf die Verteidigung der Kirche, sondern auf die Eroberung Mailands gerichtet, auf die Vertreibung der Franzosen aus Italien. Als jene Eroberung gegen Ende des Jahres 1521 in überraschender Weise gelang, gab sich der heilige

Vater der Freude über diesen Sieg so unvorsichtig hin, daß ihn eine Krankheit ergriff, welcher er in Kurzem erlag.

„In der Hölle, schrieb der kaiserliche Botschafter am Weihnachtsabend aus Rom, in der Hölle kann es nicht so viel Haß und so viel Teufel geben, als unter diesen Kardinälen", welche nun den neuen Papst zu wählen hatten. In der That, so wenig sich auch Leo um die Kirche gekümmert hatte, im Kardinalskollegium, diesem obersten Rate der römischen Kirche, herrschte Weltsinn und Weltlust noch zügelloser. Wenn die Kurfürsten bei der Wahl eines neuen Kaisers nicht an des Reiches Wohl, sondern an ihren eigenen Vorteil dachten, die Kardinäle huldigten bei der Wahl eines neuen Oberhauptes der Kirche diesem Egoismus in wenigstens ebenso starkem Maße. Und nun geschah es, daß eine so gesinnte Körperschaft nicht einen Mann ihres Sinnes und Strebens auf den Stuhl Petri hob, sondern einen wirklich frommen, streng kirchlichen, allen Welthändeln abgeneigten Prälaten, Adrian von Utrecht.

Wenn es in derartigen Dingen Wunder giebt, so war es diese Wahl, freilich ein aus den gewöhnlichsten Beweggründen hervorgegangenes Wunder. Die Kardinäle hatten den ihnen persönlich fast ganz unbekannten Holländer nicht wegen seiner Frömmigkeit und Gelehrsamkeit gewählt, nicht weil sie meinten, er sei in einem so kritischen Augenblicke besonders zur Regierung der Kirche geeignet, sondern lediglich, weil sie Niemand in ihrer Mitte die dreifache Krone gönnten, weil sie sich auf keinen Anderen einigen konnten, als auf diesen außerhalb all ihrer Parteifeindschaften und Koterien stehenden Fremden. Die Anhänger des Kaisers hatten ihm überdies gern ihre Stimme gegeben, weil er seit vielen Jahren mit dem Kaiser in den intimsten Beziehungen stand, und die Anhänger des französischen Königs hatten sich in seine Wahl ergeben, weil er ihnen unter den Gegnern der unschädlichste zu sein schien. Kaum aber hatten die heiligen Väter dieses Werk der Verlegenheit vollbracht, so schlugen sie reuig an ihre Brust und begriffen selbst nicht, wie sie einer solchen Dummheit fähig gewesen. Und das römische Volk empfing sie mit Verwünschungen, daß sie einen Fremden, einen Barbaren erkoren.

Der Kaiser aber sah mit Recht, wie es schien, in dieser Wahl eines ihm in jeder Beziehung so nahe stehenden Mannes die unmittelbare Wirkung göttlicher Gnade. Er verehrte in Adrian denjenigen Lehrer seiner Jugend, welcher auf sein innerstes Wesen, auf seine religiösen Ueberzeugungen den stärksten Einfluß geübt hatte. Er wußte sich mit ihm in allen großen Lebensfragen einig. Adrian hatte ihm auch in einer langen politischen Thätigkeit Beweise unbedingter Ergebenheit geliefert. Wie konnte er zweifeln, daß er Hand in Hand mit einem solchen Papste die tiefen Wunden der Kirche (die doch auch er nicht verkannte) wirklich heilen und vor allem die Pest der Ketzerei austilgen werde?

In der überraschendsten Weise geschah von alledem das Gegenteil. Die Welt machte die Erfahrung, daß wenigstens in gegenwärtiger Zeit das einträchtige Zusammenwirken der beiden Schwerter in das Reich der Träume gehöre. Freilich hatten Kaiser und Papst, zumal jetzt, wo die Christenheit von der Macht des Türken und die römische Kirche vom Gift der Ketzerei aufs ernstlichste bedroht wurde, sehr große gemeinsame Aufgaben. Freilich lag dem jungen Kaiser die Erfüllung gerade dieser Aufgaben ernstlich am Herzen. Aber trotz allem kirchlichen Eifer blieb er doch weltlicher Herrscher, den seine weltlichen Interessen zunächst in Anspruch nahmen. In den Krieg mit Frankreich verwickelt, schien ihm die glückliche Beendigung dieses Krieges die unerläßliche Voraussetzung aller gegen Türken und Ketzer zu gewinnenden Erfolge. Was konnte er gegen den Türken ausrichten, wenn er den französischen Feind im Rücken ließ, was gegen Luther, wenn König Franz mit seinen deutschen Gegnern Ränke schmiedete? So forderte er von Adrian vor allem kräftige Unterstützung gegen dieses Frankreich, die Quelle alles Unheils. Der Papst dagegen sah die Quelle alles Uebels in dieser thörichten, ja gottlosen Feindschaft der beiden mächtigsten Fürsten der Christenheit. Er forderte von seinem Sohne, dem Kaiser, Beendigung dieses unseligen Krieges. Er mahnte ihn, zuerst an die geistlichen Güter zu denken, dann würden ihm die zeitlichen von selbst zufallen. Er beschwor ihn, den vom Türken bedrohten Christen beizuspringen. Und zu diesem Hader über die große Zeitfrage gesellten sich hundert kleinere Zwistigkeiten. Der Kaiser und seine Leute wiesen triumphierend darauf hin, daß Adrian seine Wahl ihrem Einflusse verdanke; der Papst lehnte das entrüstet als eine Verunreinigung ab, daß er durch weltliche Einwirkung statt durch das Walten des heiligen Geistes erhoben sein solle. Konnten überhaupt zwei derartige Gewalten, deren Wirkungskreise sich überall durchkreuzten, deren Ansprüche hundertfach auf einander stießen, in wahrer dauernder Eintracht neben einander wirken? Das Beispiel von Karl und Adrian bewies, daß Kaiser und Papst selbst dann in Zwietracht geraten mußten, wenn alle persönlichen und zeitlichen Verhältnisse ihre herzliche Eintracht in denkbar größtem Maße zu verbürgen schienen.

Von den hochfliegenden Hoffnungen, mit denen Karl die Wahl dieses Papstes begrüßt hatte, ist keine in Erfüllung gegangen. Weder hat Adrian ihn in seinen weltlichen Interessen fördern, noch zu der Heilung der kirchlichen Schäden etwas thun können. Die ganze kurze Regierung dieses frommen Papstes blieb ein peinliches Ringen nach unerreichbaren Zielen. In dem sündhaften Rom saß er wie ein einsamer Märtyrer. Von den Kardinälen wegen seiner unbequemen Frömmigkeit, von den Römern wegen seiner ärgerlichen Einfachheit und Sparsamkeit gehaßt, auf allen Seiten von unüberwindlichen Schwierigkeiten erdrückt, ohne Waffen, ohne Geld, ohne eigene politische Kraft und Geschicklichkeit konnte er weder den Frieden unter den christlichen Mächten herstellen, noch den Christen gegen die Türken helfen, noch der Kirche gegen die Ketzer. Nur mit traurigen Gedanken hatte er diese schwere Bürde der päpstlichen Herrschaft auf sich genommen. Nach wenig mehr als Jahresfrist brach er unter ihr zusammen.

---

Am 14. September 1523 schloß Adrian VI., der letzte Papst aus germanischem Stamme, seine müden Augen. Es waren jetzt dritthalb Jahre seit der Wormser Verurteilung Luthers verflossen, aber weder Kaiser noch Papst hatte bis dahin etwas nennenswertes für die Durchführung jenes Urteils gethan. Das Reich blieb in dieser wie in allen übrigen Beziehungen wesentlich dem Einfluß seiner eigenen Antriebe überlassen. Ein jeder Stand that, was ihm zweckmäßig und vorteilhaft schien. Nun ist neuerdings die Behauptung aufgestellt worden, die rasche Ausbreitung der Reformation über das Reich sei durch die weltlich selbstsüchtigen Bemühungen der Obrigkeiten herbeigeführt worden; Fürsten wie Magistrate hätten gierig die Hand nach den reichen Gütern der Kirche ausgestreckt und, um sie in ihren Besitz zu bringen, den Umsturz der alten Kirchenordnung mit allen Mitteln befördert, ihren gläubigen Unterthanen auferlegt. In Wirklichkeit haben die Dinge einen ganz entgegengesetzten Verlauf genommen, gar nicht anders nehmen können.

In den ersten Jahren nach dem Wormser Reichstage hatte Luthers Lehre noch keineswegs eine so scharfe Ausprägung genommen, daß er der alten Kirche ein fest abgeschlossenes Gebäude entgegengestellt hätte. Am wenigsten ließ sich schon absehen, in welchen Formen auf Grund seiner Lehre sich eine neue Kirchenordnung erheben werde. Ja, es war noch durchaus zweifelhaft, ob sich wirklich ein ganz neues Wesen im Gegensatz zur alten Kirche gestalten, ob nicht dennoch eine Verständigung mit dieser, ob nicht statt einer Zerstörung eine Erneuerung, Reinigung dieser alten Kirche werde erreicht werden. Diese Kirche war mit so unzähligen, so außerordentlich starken Fäden an alle bestehenden Verhältnisse geknüpft, sie durchdrang so sehr das gesammte Dasein der Menschen, daß ein völliger Bruch mit ihr noch für längere Zeit außer dem Gedankenkreise fast Aller lag. Jede Obrigkeit, welche die Folgen ihres Thuns überdachte, mußte von einem solchen Wagnis zurückschrecken. Sie mußte von einem solchen Schritt eine unübersehbare Erschütterung aller Verhältnisse besorgen. Und sie wußte überdies, daß sie den Kaiser zu fürchten hatte, wenn sie sich in offenen Widerspruch mit dem Wormser Mandat setzte. Es entsprach ja wohl den Gewohnheiten der Stände, sich um die Befehle des Reichs nicht viel zu kümmern, sie zu ignorieren. Aber einem, zumal in so wichtiger Angelegenheit mit solcher Feierlichkeit erlassenen Gebote direkt zuwider zu handeln, war denn doch etwas anderes.

In Wirklichkeit hat das, solange das Wormser Mandat in unbestrittener Kraft stand, keine einzige deutsche Obrigkeit gewagt. Selbst Kurfürst Friedrich der Weise, der doch ein starkes Interesse an Luthers Erhaltung hatte, hat sich niemals unumwunden zu dessen Lehre zu bekennen gewagt, er hat es nur unter den verschiedensten Vorwänden abgelehnt, das Mandat gegen Luther zu vollstrecken, dabei aber oft genug sein Bedauern über Luthers Vorgehen geäußert. Von Wittenberg abgesehen, drang die neue Lehre nirgends rascher durch, als in Nürnberg: aber mit wie ängstlicher Vorsicht hat der Rat dieser mächtigen Stadt es Jahre lang vermieden, sich offen zu der Neuerung zu bekennen! Den Schein des Gehorsams gegen den Kaiser wahrte er so lange als möglich.

Es entspricht durchaus der Natur der Dinge, daß diese große Bewegung nicht von oben, sondern von unten her durchdrang. Nicht die Obrigkeiten, sondern das Volk jubelte dem kühnen Mönche zu, der all seiner Not ein Ende zu machen schien, das Volk, welches sich nicht den Kopf darüber zerbrach, wie denn nun die neue Lehre sich in der realen Welt Raum schaffen werde. Dem von Luthers mächtigem Wort und dem Eifer seiner Prädikanten fortgerissenen Volke kam es zunächst nur darauf an, die verhaßten alten Einrichtungen abzuwerfen, sich von den Lasten zu befreien, welche ihm die alte Kirche auferlegt hatte und sich an der neuen Botschaft gläubig zu erbauen. Eine längere Reihe von Jahren hindurch finden wir die Magistrate selbst in denjenigen Städten, welche dann am entschiedensten zu Luther hielten, mit den oft sehr stürmischen Forderungen der Bürgerschaften im Kampfe; nur sehr langsam geben sie diesen Forderungen stückweise nach. Wenn je eine Bewegung durchaus volkstümlich gewesen ist, aus dem tiefsten Grunde des Volksgemüts die Kraft geschöpft hat sich einer widerstrebenden Wirklichkeit aufzuerlegen, so ist es die deutsche Reformation während der Jahre ihrer ersten Einwurzelung gewesen.

Wenn so das Verhalten der Bevölkerungen und ihrer Obrigkeiten in den einzelnen Gebieten war, wie stellte sich denn aber das Reich? Nachdem der Kaiser Deutschland verlassen hatte, übernahm alsbald ein vorwiegend von den Ständen gebildetes Reichsregiment die Führung der Geschäfte. Seine Aufgabe wäre natürlich gewesen, über die Beobachtung des Wormser Mandats zu wachen. Weder der Kaiser noch sein Bruder Ferdinand, welchen

er dem Regiment als Statthalter vorgesetzt hatte, ließ es an
Erinnerungen fehlen. Einzelne Fürsten, wie namentlich der eifrige
Herzog Georg von Sachsen, wiesen das Regiment immer wieder auf
die groben Verletzungen des Wormser Mandats hin, welche sich
aller Orten zutrügen. Was that da das Regiment? Mit
Worten trat es mehr als einmal für das Mandat ein, aber ihm
mit der That Nachachtung zu verschaffen, unterließ es. Etwa,
wie man wohl gesagt hat, weil es von lutherischer Gesinnung
erfüllt war? Ich glaube kaum. Einige seiner tüchtigsten Mit=
glieder waren allerdings der Neuerung zugethan, aber das
Regiment im Ganzen gewiß nicht. Vielmehr schrak es vor den
Gefahren zurück, welche schon zu Ende des Jahres 1521 mit
einer Erzwingung des Gehorsams gegen das Mandat verknüpft
gewesen wären. Man versetze sich nur in seine Lage. Es hatte
seinen Sitz in Nürnberg. Die Bürgerschaft dieser Stadt war
schon damals gewaltig von dem neuen Geiste ergriffen. Sollte
das Regiment gegen diese mächtige Bürgerschaft Zwangsmaßregeln
ergreifen, die Prädikanten gefangen setzen? Woher hätte es die
Kraft dazu genommen? Das Reich hatte ihm große Aufgaben,
aber äußerst dürftige Mittel zu ihrer Erfüllung gegeben. Von
Anfang an seufzte das Regiment unter wahrhaft kläglicher Geld=
not, weil viele Stände es unnötig fanden, ihre Beiträge für die
Erhaltung des Regiments zu zahlen. Und unter diesen säumigen
Zahlern standen der Kaiser und sein Bruder obenan. Das
Regiment konnte ohne die Vorschüsse und Darlehn der Städte,
namentlich Nürnbergs, nicht bestehen. Wie hätte es da gegen
dieses Nürnberg einschreiten sollen?

Anfang März 1522 kehrte Luther bekanntlich von der Wart=
burg nach Wittenberg zurück. Sollte das Mandat durchgeführt
werden, so mußte vor allem an Luther die Hand gelegt werden.
Aber Luther trat als Retter aus wüster Verwirrung auf, welche
Karlstadt angestiftet hatte. Er befreite seinen Kurfürsten von
einer Not, deren dieser selbst nicht Herr zu werden wußte. In
Wittenberg war nicht der Kurfürst, sondern Luther Herr. Sollte
nun das hülflose Regiment, welches bald an Franz von Sickingen
seine ganze Ohnmacht erfuhr, gegen einen der ersten Kurfürsten
einschreiten, der selbst schwerlich im Stande gewesen wäre zu

gehorchen? Wie hätte es dieses Wunder bewerkstelligen sollen? Und sollte es etwa Karlstadt und seinen Schwärmern Luft machen, indem es Luther in Bande schlug? Es gab schon damals im Reiche nicht wenige Karlstadt. Schon jetzt erschien Luther als ein mächtiges Element der Ordnung. Er allein konnte die durch ihn entfesselte Bewegung in gewissen Schranken halten.

Freilich, wenn es denjenigen Fürsten und Prälaten, welche zu Rom hielten, voller Ernst mit der alten Kirche gewesen wäre, wenn sie, um die überlieferte Ordnung zu schützen, auch vor ernsten Gefahren nicht zurückgeschreckt wären, dann hätten sie ja erreichen können, daß im Regiment ihre Ansicht die entschiedene Herrschaft gewonnen, und das in ihrem Sinne zusammengesetzte Regiment energisch gegen die Uebertreter des Wormser Mandats durchgegriffen hätte. Aber von solchem Ernst, solcher Hingebung finden wir nur ganz Wenige erfüllt. Das Feuer unerschütterlicher Ueberzeugung glühte damals fast nur in Luther und seinen Anhängern. Die meisten Stände schraken vor jedem derartigen Wagnisse zurück. Die meisten waren auch mit Rom viel zu unzufrieden, um für dasselbe in einen schweren Kampf zu gehen, wenngleich sie Luthers Glauben nicht teilten.

So konnte das Regiment in einer Unthätigkeit verharren, welche der Bewegung vollen Spielraum ließ. Aber noch mehr. Im März 1522 trat in Nürnberg ein Reichstag zusammen. Kurz vor dem Beginn seiner Verhandlungen war Luther nach Wittenberg zurückgekehrt. Hätte da nicht dieser Reichstag gegen den Geächteten einschreiten müssen? Hätte man das nicht umsomehr von ihm erwarten sollen, als seine Mehrheit von Geistlichen gebildet wurde? Aber dieser Reichstag that, als wäre Luther gar nicht auf der Welt, das Wormser Mandat nie erlassen.

Anders wurde es, als sich die Stände im Spätherbste 1522 abermals in Nürnberg versammelten. Jetzt erschien der Statthalter Ferdinand, jetzt kam auch ein Nuntius Adrians, und Beide forderten nachdrücklich, daß gegen Luther Ernst gemacht werde, vor Allem gegen seine Anhänger in Nürnberg, welche dem Mandat jeden Tag ins Gesicht schlugen. Die Versammlung geriet in peinliche Verlegenheit. Streng genommen war nur eins von zwei Dingen möglich: der Reichstag mußte entweder das Mandat vollstrecken, oder erklären, das sei nicht möglich, und eine andere Anordnung treffen. Er that weder das eine noch das andere, sondern schob die Entscheidung auf ein freies, in Deutschland abzuhaltendes Konzil. Wie eifrig auch Ferdinand und der Nuntius, vom Kurfürsten von Brandenburg und andern weltlichen Herren und vielen Prälaten unterstützt, auf die Durchführung, auf die Erneuerung des Mandats drangen, der Reichstag glaubte Angesichts der bedrohlichen Stimmung des „gemeinen Mannes" das nicht wagen zu dürfen, obwohl auch dieses Mal wieder die Gegner Luthers in ihm überwogen. Aber er erlegte Luther bis zu jenem Konzil Schweigen auf. Er verfügte, daß nichts neues gedruckt oder verkauft werden dürfe, was nicht vorher von den Obrigkeiten genehmigt sei. Er forderte Erzbischöfe und Bischöfe auf, die Prediger fleißig zu beaufsichtigen. Er erklärte sich zum Gehorsam gegen den Papst verpflichtet. An dem entscheidenden Punkte dagegen wich er einer unzweideutigen Erklärung aus. Es schien notwendig, den Predigern eine Norm zu geben. Die entschiedenen Anhänger Roms forderten dafür einen Ausdruck, welcher die Predigt im Sinne Luthers unmöglich gemacht haben würde. Das schien der Mehrheit zu gewagt. Sie fand viel mehr gut zu sagen, es solle nichts gepredigt werden, als das reine, lautere Evangelium nach der Lehre und Auslegung der bewährten und von der christlichen Kirche angenommenen Schriften. Unter dieser geschraubten Fassung verstand der Eine dies, der Andere das. Luther meinte, er könne mit dem Reichstagsschluß wohl zufrieden sein; die Feinde des Reformators dagegen waren der Ansicht, der Reichstag habe gegen ihn entschieden. In Wirklichkeit aber hatte er gar nichts entschieden. Ferdinand sowohl wie der Nuntius waren mit diesem Ausgang höchlich unzufrieden. Ferdinand schrieb seinem Bruder, die Lehre Luthers sei im ganzen Reiche so eingewurzelt, daß unter tausend Personen nicht eine davon ganz frei sei. Das Ganze befinde sich in so übler Lage, daß es nicht schlimmer sein könnte. Wenn der Kaiser nicht bald eingreife, werde er leicht zu spät kommen.

Karl V. hätte nichts mehr ersehnt, als dieser Mahnung folgen zu können. Aber er saß festgebannt in Spanien. Sowohl die inneren Verhältnisse dieses Landes als der Stand des Krieges machten es ihm unmöglich an die Rückkehr ins Reich auch nur zu denken. Denn obwohl er sich der Unterstützung Englands und zuletzt auch der Beihilfe Adrians erfreute, obwohl König Franz in seinem eigenen Lande ein gefährlicher Gegner erweckt wurde, führten doch die Kämpfe, welche an der niederländischen und spanischen Grenze wie in Italien jahraus jahrein fortgingen, zu keinerlei Entscheidung. Ja, als die Kaiserlichen im Sommer 1524, nachdem sie die Franzosen glücklich aus Italien herausgeworfen, in Südfrankreich eindrangen, konnte sie König Franz nicht nur zu einem verlustvollen Rückzuge nötigen, sondern sie nach Italien verfolgen und dort sich abermals zum Herrn Mailands und fast der ganzen Lombardei machen.

Inzwischen war England des unfruchtbaren Krieges und der kostspieligen Freundschaft des Kaisers überdrüßig geworden. Der allmächtige Kardinal Wolsey, in seiner Hoffnung, mit des Kaisers Beistand auf den heiligen Stuhl erhoben zu werden, zweimal getäuscht, lenkte seinen König Heinrich VIII. auf die französische Seite hinüber, und der neue Papst Clemens VII. fand denselben Weg vorteilhaft. So stand die Sache des Kaisers zu Anfang des Jahres 1525 geradezu verzweifelt. Sein Heer in Italien wurde zugleich von feindlicher Uebermacht und peinlichster Not bedrängt. Der Kaiser sah sich außer Stande, seinen Feldherrn auch nur die dürftigsten Mittel zu gewähren. Monatelang fürchteten dieselben, ihr unbezahltes Heer werde sich auflösen. Da brachte die unbeugsame Entschlossenheit des großen Kriegsmannes, des Marques von Pescara, die unbedingte Ergebenheit der spanischen Soldaten und die Tapferkeit der deutschen Landsknechte eine höchst wunderbare Wendung. In dem Augenblicke, wo der hilflose Kaiser in dem fernen Madrid auf das Schlimmste gefaßt war, erfocht sein Heer am 24. Februar 1525 unter den Mauern von Pavia einen beispiellos glänzenden Sieg: das französische Heer wurde so gut wie vernichtet, sein König gefangen.

Wir nehmen in des Kaisers Leben einen sehr ungewöhnlichen Wechsel schwerster Bedrängnisse und erstaunlicher Glücksfälle wahr.

Wie oft hat er es erfahren, daß ihm der vom schwärzesten Gewölk verdüsterte Horizont plötzlich durch hellsten Sonnenschein erleuchtet wurde, um dieses Licht bald darauf von neuer Finsternis verschlungen zu sehen? Aber greller, überwältigender ist ihm der Glückswechsel nie entgegen getreten, als am Morgen des 10. März 1525. Er redet mit einigen seiner vertrauten Räte von der Not der Seinen in Italien. Sorgenvoll erwartet er neue Hiobsposten. Da tritt ein spanischer Komthur vor ihn, der im eiligsten Ritt von Pavia herangejagt. Noch atemlos ruft er: „Sire, die Schlacht ist unter den Mauern von Pavia geschlagen, der König von Frankreich ist Euer Gefangener, seine ganze Armee vernichtet." Der Kaiser ist starr. Er fragt nicht, wie es geschehen. Mechanisch wiederholt er das Gehörte. Dann geht er in sein Schlafzimmer, wirft sich vor dem Muttergottesbilde über seinem Bette nieder und erleichtert seine vom Glück übermannte Seele in langem Dankgebet. Er ist ganz durchdrungen von dem Gefühl, daß ihm Gottes Gnade unendlich über sein Verdienst geschenkt. Er verbietet jeden öffentlichen Jubel, da der Sieg über Christen erfochten. Bei dem Dankgottesdienst untersagt er dem Prediger, ihn zu loben oder über den Sieg zu frohlocken. Den Gesandten der Mächte, welche ihm ihre Glückwünsche darbringen, sagt er, über diesen ihm von Gott geschenkten Sieg würden sich nicht nur seine Freunde, sondern auch seine Feinde freuen. Denn er wünsche nichts als Herstellung des Friedens in der Christenheit, damit sie ihre Waffen gegen die Ungläubigen kehre. Von der Hoheit seines kaiserlichen Berufs ist er mehr als je durchdrungen. Da Gott ihn auf diesen Gipfel des Glücks gehoben, will er die ihm verliehene Macht nur zu seiner Verherrlichung benutzen. Gegen Ungläubige und Ketzer soll sie sich kehren, vor allem gegen die deutschen Ketzer. Seinem Bruder Ferdinand schreibt er, sobald als möglich werde er nach Italien gehen, sich dort zum Kaiser krönen lassen und dann Deutschland in Ordnung bringen; seine ganze Macht wolle er aufbieten, um die lutherische Sekte auszurotten.

---

Niemals hat der Reformation eine größere Gefahr gedroht, als in diesem Frühling 1525. Denn in demselben Augenblicke, wo des Kaisers Arm frei zu werden schien, um endlich das vor vier Jahren über Luther und die Seinigen ausgesprochene Urteil zu vollstrecken, versank Deutschland im Jammer des Bauernkrieges. Und die fürchterliche Verwüstung, welche dieser Aufstand des gemeinen Mannes über einen großen Teil des Reiches brachte, wurde nicht nur von den fanatischen Gegnern der Reformation Luther Schuld gegeben. Mancher, der bisher dem Gange der Bewegung mit einer gewissen Teilnahme gefolgt war, schrak jetzt zurück, als er die Predigt des Evangeliums von den Bauern zum Umsturz aller Ordnung mißbraucht sah. Die Anhänger Roms aber triumphierten: jetzt sei an den Tag gekommen, wohin die Wittenberger Ketzerei führe; jeder Freund guter Zucht und Sitte müsse eilen, in Luthers Predigt die Quelle alles Unheils zu verstopfen. Wie lange hatte sie die Angst vor dem Volke an kräftigem Einschreiten gehindert: diese Angst war jetzt verschwunden, oder doch wenigstens unendlich gemindert. Zuversichtlich gingen sie daran, den unvergleichlich günstigen Moment zu einer durchgreifenden Herstellung der alten Ordnung zu benutzen. In weiten Gebieten wurden mit den Bauern zugleich die Prediger der neuen Lehre niedergeschlagen. Die gesamte Lage der Dinge im Reich war so, daß, wenn der Kaiser im Sommer, oder auch nur im Herbst 1525 nach Deutschland zurückkehren konnte, der Durchführung des Wormser Mandats schwerlich ein ernster Widerstand entgegen getreten sein würde.

Denn diese Gunst der Verhältnisse wurde doch nur wenig dadurch geschmälert, daß der wahre Zusammenhang der Dinge ein durchaus anderer war, als die Gegner Luthers damals behaupteten und heute von neuem behaupten. Das allerdings wird ja kein Unbefangener in Abrede stellen wollen, daß die von Luther entfesselte Bewegung einen starken Zusatz zerstörender Leidenschaften erhalten hatte. Diese Leidenschaften haben niemals gefehlt, wo das Gemüt eines Volkes so tief, so gewaltig erregt wurde, wie es durch Luther geschah. Am wenigsten dann, wenn die Lage des Volks eine so unbefriedigende, vielfach so qualvolle war, wie die damalige des deutschen Volkes, eine so zerrüttete, recht- und hilflose. Ertönten nicht die Klagen der Patrioten seit einem Menschenalter über den unwürdigen Zustand deutscher

Nation, welche an der Spitze der Christenheit stehen solle, in Wirklichkeit aber neben Franzosen, Spaniern und Engländern in Knechtsgestalt erscheine? Waren nicht unzählige Versuche gemacht worden, diesem Elend der Machtlosigkeit, Frieblosigkeit, Rechtlosigkeit ein Ende zu bereiten, mit dem einzigen Erfolge, daß der Jammer immer empfindlicher wurde? War es nicht längst im deutschen Reiche so zu sagen Rechtens geworden, daß jeder Stand und jeder Einzelne, sobald er konnte, zur Selbsthilfe griff? Hatten nicht alle Stände von dieser bösen Uebung reichlichen Gebrauch gemacht, Fürsten, Ritter, Städte wie Bauern? Konnte in dem damaligen Deutschen das starke Gefühl leben, er sei an das Gesetz gebunden, da er das Gesetz jeden Tag, heute von diesem, morgen von jenem, mit Füßen getreten sah und nur zu oft Niemand wußte, was denn eigentlich Gesetz sei?

Das deutsche Reich war thatsächlich längst organisierte Anarchie. In diesem trostlosen Chaos von Reichstagsschlüssen, deren Verbindlichkeit Alle bestritten, welche sie nicht mit gefaßt, von kaiserlichen Geboten, denen die Anordnungen der Landesherren nur zu oft widersprachen, von hadernden Ständen und das Faustrecht übenden Gewaltigen, lag eine so gefährliche revolutionäre Kraft, daß man kaum begreift, wie das Auftreten Luthers nicht sofort eine gewaltige Explosion hervorgerufen hat. Hätte er die revolutionären Absichten gehabt, welche man ihm heute wieder mit besonderen Eifer unterschiebt, so würde er dieses morsche Gebäude des deutschen Reichs mit leichter Mühe in kürzester Zeit in die Luft gesprengt haben. Man denke nur, er hätte sich von Worms nicht nach der Wartburg, sondern nach der Ebernburg begeben, mit Sickingen und Hutten Bündnis gemacht, das Volk aufgerufen, diese unerträgliche Last römischer Mißbräuche abzuwerfen und im Reiche eine neue christliche Ordnung aufzurichten, wer würde da die Gewalt einer solchen Bewegung aufgehalten haben? Wer die angsterfüllten Berichte des päpstlichen Nuntius Aleander aus Worms gelesen hat, wird sich diese Frage leicht beantworten können.

Wenn aber Luther, statt die Volksleidenschaften zu seiner Selbstverteidigung zu entfesseln, vielmehr den Agitationen der

Schwärmer entgegentrat, so waren damit die revolutionären Kräfte noch keineswegs gefesselt. Vielmehr wurde die Lage der Nation immer mehr der Art, daß jene Kräfte wachsen mußten. Man kann sich doch keinen aufregenderen Zustand denken, als ihn das Wormser Mandat schuf. Während die Nation aufs tiefste von der neuen Lehre ergriffen ist, legt ein mit der obersten Gewalt bekleideter Fremder von einundzwanzig Jahren nur nach seiner persönlichen Ueberzeugung und den ganz besonderen Interessen seines Weltreiches dieser Nation ein absolutes Verbot auf, um unmittelbar danach dem Reiche den Rücken zu kehren. Dann operieren Regiment und Reichstage mit diesem Verbot jahrelang so, daß der letzte Rest von Autorität verloren gehen muß. Gleichzeitig sieht man in der Sickingenschen Fehde und bei unzähligen anderen Anlässen, wie die mächtigsten Reichsfürsten, der Adel ganzer Landschaften, der Schwäbische Bund den Anordnungen des Regiments offen Trotz bieten. Das gesamte Leben des Reiches in den Jahren 1521 bis 1524 ist eine einzige Aufforderung zu Gesetzlosigkeit und Gewalt.

Im Jahre 1524 aber erfuhr dieser Zustand eine besonders gefährliche Verschlimmerung. Der letzte Nürnberger Reichstag hatte, wie wir hörten, in Sachen Luthers keine Entscheidung getroffen. Er hatte auf der einen Seite die Pflicht anerkannt, dem Papste zu gehorchen, allerlei Anordnungen in diesem Sinne beschlossen, auf der andern die Hauptfrage zweideutig umgangen. Er hatte die Forderung Ferdinands abgelehnt, das Wormser Mandat zu erneuern. Die Anhänger Luthers konnten danach meinen, jenes Mandat existiere jetzt eigentlich nicht mehr. Jedenfalls war die Furcht, durch seine Uebertretung in Gefahr zu kommen, beträchtlich vermindert. Die Bewegung breitete sich unter diesen Umständen gewaltig aus, auch in die Gebiete entschieden romfreundlicher Fürsten. „Die lutherische Sekte", schrieb Ferdinand dem Kaiser am 18. Dezember 1523, „herrscht in diesem ganzen deutschen Lande so, daß die guten Christen sich fürchten, dagegen aufzutreten." Die Obrigkeiten wagten aber überhaupt kaum noch irgend etwas zu unternehmen, was nicht nur dem gesamten Volke, sondern nur einem einzelnen Stande mißliebig sei. Als es sich um die Aufrichtung eines Reichszolls handelte, erklärte der Kaiser den Plan für unausführbar, weil die Städte dagegen seien, man also Aufruhr und Empörung zu fürchten habe.

Auf politischem Gebiete gab es überhaupt gar keine zusammen= haltenden Kräfte mehr. Alles war der schrankenlosen Willkür der Einzelnen preisgegeben. Wurde z. B. ein Reichstag aus= geschrieben, so ließ sich deshalb noch keineswegs erwarten, daß er nur wirklich zu Stande kommen werde. Das erfuhr man auf höchst ärgerliche Weise gerade jetzt. Der Nürnberger Reichs= tag hatte im Februar 1523 beschlossen, zur Beratung der wich= tigsten und dringendsten Angelegenheiten solle im Juli eine neue Versammlung stattfinden. An der Einhaltung dieses Termins mußte das Regiment alsbald verzweifeln. Mit Ferdinands Zu= stimmung schrieb es einen neuen Reichstag auf Martini aus; jeder Stand solle dazu persönlich erscheinen und zwar pünktlich; denn wenige Tage nach Martini würden die Verhandlungen beginnen. Was geschah? Fünf Wochen nach Martini waren erst drei Fürsten erschienen und diese wollten, des langen Wartens müde, wieder fort. Ferdinand war in heller Verzweiflung. Der Zustand des Reiches, schrieb er dem Kaiser, sei schlimmer als je. Es gebe keine Justiz und keinen Gehorsam.

Und was that nun dieser dritte Nürnberger Reichstag, der endlich am 14. Januar statt Mitte November, auch jetzt noch mit wenigen Ständen eröffnet werden konnte? Statt die schwachen Reichsorgane zu kräftigen, ging er nur darauf aus sie vollends zu untergraben. Dreißig Jahre lang hatten die Stände darnach getrachtet, durch Aufrichtung einer vorwiegend von ihnen gebildeten Centralbehörde wesentlichen Anteil an der Reichsregierung zu gewinnen. In Worms hatten sie ein solches Reichsregiment er= langt. Sie hatten dann aber keinen Augenblick auch nur die bescheidensten Anstrengungen gemacht, diesem Regiment wirkliches Leben einzuhauchen. Natürlich konnte ja eine Reichsregierung keine Thätigkeit üben, ohne dem zügellosen Egoismus einzelner Stände in den Weg zu treten. Das wurde aber überall als unerträgliche Vergewaltigung empfunden. Das Regiment hatte kaum zwei Jahre bestanden, so sah es sich auf allen Seiten von erbitterter Opposition angegriffen. Die Stände hatten es freilich vollkommen in der Hand, das Regiment so zu besetzen, wie sie wünschten. Es schien ihnen aber richtiger, das Regiment als solches anzufeinden. Jedes Regiment mußte ja eine Schranke ihrer Willkür sein. Sie eröffneten also gegen diese ihre eigenste und stolzeste Schöpfung einen unversöhnlichen Krieg. Sie behaupteten, dieses Regiment, welches sie vor drei Jahren dem Kaiser mit der größten Anstrengung abgerungen, sei des Kaisers, nicht ihre Sache. Er müsse es unterhalten. Des Kaisers Vertreter sahen sich in der seltsamen Lage, dieses ständische Regiment gegen die Stände verteidigen zu müssen. Die Stände waren froh, als es ihnen endlich gelang, das Regiment in ein Werkzeug kaiserlicher Gewalt zu verwandeln, womit sie sich natürlich berechtigt hielten, von diesem Regiment noch weniger Notiz zu nehmen, als von dem vorigen.

Eine solche Versammlung, welche das Reich auch in der dem ständischen Eigennutz bequemsten Form verneinte, sollte nun abermals über Luther zu Gericht sitzen. Der Kaiser hatte schon im Sommer 1523 Gelegenheit genommen, sich gegen eine Abordnung der Reichsstädte sehr ungehalten über die Vernachlässigung des Wormser Mandats zu äußern. Jetzt, im Januar 1524, ließ er dem Reichstage die sehr nachdrückliche Mahnung zugehen, daß jenes mit Zustimmung aller Stände erlassene Mandat auch wirklich beobachtet würde. Die Versammlung, in welcher die Geistlichen und auch unter den weltlichen Herren die Anhänger Roms das Uebergewicht hatten, erkannte die Verpflichtung an, dem Mandate nachzukommen. Freilich mußte sie hinzufügen: so viel als möglich. Und die Städte erklärten sofort, bei ihnen sei eine solche Durchführung ganz unmöglich; wollten sie es versuchen, so würde „viel Aufruhr, Ungehorsam, Totschlag, Blutvergießen, ja ein ganzes Verderben" die Folge sein. Ueber diese Lage täuschten sich auch die übrigen Stände nicht. Sie wiederholten deshalb die Forderung des vorigen Reichstages, daß so bald als möglich ein „gemeines, freies Universalkonzil" in deutscher Nation abgehalten würde. Wann aber sollte ein solches Konzil möglich sein, da die Hauptmächte der Christenheit in erbittertem Kriege mit einander lagen? Und was sollte bis dahin werden? Der Reichstag wußte keinen anderen Ausweg, als daß im nächsten

Herbst „eine gemeine Versammlung deutscher Nation" beraten solle, wie es bis zu jenem Konzile gehalten werden möge.

Der Reichstag schob also abermals die eigentliche Entscheidung hinaus. Bei der bedrohlichen Lage der Dinge schien eine solche Vertagung das ratsamste. Die jetzt an hundert Orten unaufhaltsam vordringende Bewegung konnte man wenigstens mit dem Hinweis auf jene Versammlung etwas beschwichtigen. Gewiß war mit diesem Beschlusse ebenso wenig Ferdinand wie der außerordentliche vom Kaiser zu diesem Reichstage abgeordnete Botschafter einverstanden; aber die Macht der Umstände trieb diese beiden Vertreter des Kaisers dem Beschlusse beizustimmen. Es war eine in bester Form zu Stande gekommene Anordnung des Reiches.

Nun aber geschah es, daß der Kaiser, welcher von den wirklichen Verhältnissen im Reich wenig wußte und dem sehr daranlag, die unsichere Freundschaft des Papstes zu befestigen, über diese Nürnberger Beschlüsse, welche ihm von Rom aus als Akte offener Rebellion dargestellt wurden, in ungewöhnliche Aufregung geriet. In der That konnte es ja auf sehr bedenkliche Wege führen, wenn eine „Versammlung deutscher Nation" unternahm, über die kirchlichen Angelegenheiten auch nur vorläufige Bestimmungen zu treffen. Mit des Kaisers Begriffen von kirchlicher Ordnung stand ein solches Vorgehen im schreiendsten Widerspruche. Für ihn hatte die Kirche ja gerade auch die wesentliche Bedeutung, alles nationale Streben niederzuhalten. Eine selbständige nationale Entwickelung war die Verneinung der von ihm gewollten, der ihm unentbehrlichen universalen Ordnung. So trat er jenen Nürnberger Beschlüssen aufs Schroffste entgegen. Er fand es schon höchst befremdlich, daß der Reichstag die Beobachtung des Wormser Mandats nur so viel einem Jeden möglich sei, befohlen habe. Daß aber gar Stände beschlossen hätten, auf einer Versammlung deutscher Nation zu beraten, wie es bis zum Konzil mit dem Gottesdienst gehalten werden solle, das erklärte er für eine unerhörte Anmaßung. An den uralten christlichen Ordnungen zu ändern, dürften sich nicht einmal sämtliche christliche Fürsten samt dem Papst unterfangen. Er verbot jene Versammlung, überhaupt jede weitere Diskussion in Glaubens=

sachen, da in Worms ein für alle Mal darüber entschieden sei. Dieses Wormser Mandat hätten alle Stände straks durchzuführen.

Man vergegenwärtige sich, wie die Lage des Reichs durch diese Vorgänge geworden war. Zuerst hatten die Stände gegen das von ihnen selbst geschaffene Regiment rebelliert. Eine schwach besuchte Versammlung hatte das vor drei Jahren von dem stattlichsten Reichstage, den man erlebt, zusammen mit dem Kaiser aufgerichtete Centralorgan umgestürzt und etwas an die Stelle gesetzt, dessen Rechtmäßigkeit mit bestem Grund angefochten werden konnte und von einigen der mächtigsten Reichsfürsten wirklich angefochten wurde. Sodann hatte dieser selbe Reichstag zwar die Verbindlichkeit des Wormser Mandats anerkannt, aber doch eingeräumt, daß es mit der einfachen Durchführung desselben nicht gethan, dieselbe auch vielleicht nicht möglich sei. Er hatte deshalb mit Zustimmung der Vertreter des Kaisers beschlossen, im nächsten Herbst eine eingehende Verhandlung über die kirchlichen Angelegenheiten vorzunehmen. Es schien das das einzige Mittel, die stürmisch vordringende Bewegung einigermaßen zurückzuhalten. Da fuhr der Kaiser mit seinem absoluten Verbot dazwischen. Ob es möglich sei oder nicht, das Wormser Mandat sollte sofort, unbedingt durchgeführt werden. Entsprach das irgendwie dem Herkommen des Reichs, daß der Kaiser in dieser Weise einen in aller Form mit Zustimmung seiner eigenen Vertreter zu Stande gekommenen Reichstagsschluß vernichtete? Ein Kaiser zumal, welcher seit drei Jahren am entgegengesetzten Ende Europas weilte, in dieser ganzen Zeit für des Reiches Interessen nichts gethan, nicht einmal die bescheidensten pekuniären Verpflichtungen erfüllt hatte; ein Kaiser endlich, der so von tausend Nöten erdrückt wurde, daß er gar nicht daran denken konnte, wirksam in die Angelegenheiten des Reiches einzugreifen?

Wenn es bis vor Kurzem noch einen gewissen Schein gesetzlicher Ordnung im Reiche gegeben hatte, so war derselbe jetzt völlig verdunkelt. Stände und Regiment, Reichstag und Kaiser führten vor den Augen der Nation Krieg miteinander. Das neue nach Eßlingen, in Ferdinands Machtbereich verlegte Regiment, welches sich ganz als das Werkzeug des Statthalters fühlte, geriet in die höchste Bestürzung, als es von dem unerhörten Verfahren des Kaisers Kunde erhielt. Wenn der Kaiser, schrieb es, in dieser Weise einem Reichsabschiede, den er vor Allen vollziehen sollte, entgegen handle, so würde Allen der beste Vorwand gegeben, sich um des Kaisers und Reichs Ordnungen und Beschlüsse nicht zu kümmern. Dem Ueberhandnehmen der Neuerung habe das Regiment bisher nur durch Hinweis auf jene Versammlung steuern können. Würde dieselbe nun verhindert und die auf sie gesetzten Hoffnungen vereitelt, so sei ein großer Aufruhr des gemeinen Mannes zu erwarten.

So schrieb das neue Regiment am 10. September 1524. Der Aufruhr war bereits da. Seit Jahr und Tag hatte man unzählige Male verkündigt, daß man aus Angst vor dem gemeinen Manne auf alle möglichen, sonst wünschenswerten Maßregeln verzichten müsse: jetzt zeigte sich, daß diese Angst Grund hatte. Die Bauern, welche seit dem Ende des fünfzehnten Jahrhunderts an vielen Punkten Oberdeutschlands versucht hatten, die ihnen unerträglich scheinende Last der Dienstbarkeit abzuschütteln, waren in den letzten Jahren stiller gewesen, wenn auch nicht so still, wie man lange gemeint hat. Jetzt, im Frühling und Sommer 1524, fingen sie wieder an sich zu regen. Zunächst ohne jeden Zusammenhang mit irgend welchen direkten oder indirekten Einwirkungen der neuen Lehre. Die Stühlinger Bauern im oberen Schwarzwalde, welche um Johanni 1524 ihrem Grafen die Dienste aufkündigten, wußten nichts von Luther, blieben auch in ihren Forderungen dem religiösen Gebiete durchaus fern. Aber freilich, das kleine Waldshut in ihrer Nähe war gleichzeitig mit seinem Landesherrn in Schwierigkeiten geraten und in diesem Waldshut handelte es sich allerdings um die Religion. Nicht Luthers, sondern Zwingli's Lehre war da eingedrungen. Ferdinand verlangte Herstellung der alten Ordnung, die Bürger hielten an ihrer Ueberzeugung fest. Ferdinand hatte eben in Regensburg die Rom treu gebliebenen oberdeutschen Stände zu festem Bunde gegen die Ketzer vereinigt, der nun, wo er konnte, scharf gegen die Neuerung vorging. Niemand eifriger als Ferdinand, der überall, im Breisgau wie in Oesterreich, die Ketzer seine unbarmherzige Hand fühlen ließ. Sollte er da dulden, daß dieses kleine Waldshut ihm trotzte? Er mußte diese Empörung um so nachdrücklicher niederwerfen, als die ungehorsamen Bürger mit den aufrührerischen Bauern in Beziehung traten, gegen welche er ebenfalls einzuschreiten verpflichtet war.

Weshalb geschah es nicht? War es etwa Luthers Schuld, der mit dieser Bewegung im fernsten Süden nicht das mindeste zu thun hatte? Oder hören wir von lutherischen Prädikanten, welche dieses Feuer bei den Bauern geschürt hätten, oder doch von lutherischen Gedanken, welche darauf eingewirkt hätten? Nichts von alledem. Es war überhaupt Monate lang eine höchst unbedeutende Bewegung von ganz lokalem Charakter, um nichts gefährlicher, als die zahlreichen Bauernaufstände in früherer Zeit, deren man stets mit leichter Mühe Herr geworden war. Man hätte auch die gegenwärtige Auflehnung niedertreten können, wenn nicht alle obrigkeitliche Autorität und Kraft geschwunden gewesen wäre, und wenn nicht derjenige Fürst, welcher als des Kaisers Statthalter und zunächst bedrohter Landesherr die oberste Pflicht gehabt hätte, nachdrücklich einzuschreiten, wenn nicht Ferdinand durch ganz andere Sorgen in Anspruch genommen worden wäre.

Wie der Kaiser durch seine spanischen und italienischen Interessen gehindert wurde, seinen Willen im Reiche geltend zu machen, so war auch sein Bruder fortwährend von nichtdeutschen Gedanken und Plänen ausgefüllt. In Spanien geboren und erzogen, auch jetzt noch von einem spanischen Günstlinge beherrscht, dem deutschen Wesen lange fast noch fremder als der Kaiser, wünschte er nichts sehnlicher, als seine deutschen Besitzungen durch französische und italienische Erwerbungen zu vergrößern. Namentlich Mailand war der Gegenstand seines heißesten Verlangens. Nun aber geschah es, daß eben jetzt, wie schon erwähnt, dieses Mailand den Franzosen wieder in die Hand fiel und die kaiserliche Sache in Italien völligem Verderben nahe schien. Diese Gefahr machte auf Ferdinand einen überwältigenden Eindruck. Um Alles mußte diese italienische Stellung behauptet werden. Stühlingen und Waldshut kamen daneben ja gar nicht in Betracht. Was der Statthalter an Geld und Knechten aufbringen konnte, das wurde so schleunig als möglich über die Alpen geschickt. Ein geringer Teil dieser Kräfte würde ausgereicht haben, Waldshut und die Stühlinger zum Gehorsam zu bringen. Da aber dem kaiserlichen Statthalter Italien unendlich viel mehr am Herzen lag als das Reich, wurde das Reich die Beute der Bauern. Fast acht Monate lang war ihre Bewegung in den engsten Grenzen mit den geringsten Kräften geblieben. Da aber weder der Statthalter, noch das Regiment, noch der schwäbische Bund in dieser ganzen langen Zeit keinerlei ernste Anstrengung gemacht hatte, um die Ordnung herzustellen, da fuhr endlich ein Sturm in dieses kleine Feuer, der es zum zerstörenden Brande anfachte.

Es ist wahr, jetzt wurde das „göttliche Wort" mit aller Macht von den Bauern angerufen. Jetzt wollten sie eine „christliche Vereinigung" sein, um dem Evangelium den Weg zu bahnen. Ohne Zweifel würde die Bewegung nie so ungeheure Dimensionen gewonnen haben, wenn nicht Luther den Sinn des gemeinen Mannes erregt, wenn die Bauern nicht gemeint hätten, sich auf ihn berufen, mit ihm ihr Thun rechtfertigen zu können. Aber nicht Luther hatte die Anarchie im Reiche geschaffen, ohne welche der Bauernkrieg nicht zu denken wäre und nicht Luthers Schüler waren die Hubmair, Schappeler und wie die andern Prädikanten hießen, welche den Bauern die Hand reichten, am wenigsten jener Thomas Münzer, welcher im Norden den allgemeinen Umsturz predigte. Aber in solchen Zeiten furchtbarer Verwirrung werden die Dinge nicht kaltblütig erwogen. Mit Luther hatte man sich seit Jahr und Tag gewöhnt, Alles in Verbindung zu bringen, was dem alten Herkommen entgegentrat. So machten ihn seine Feinde zum direkten Urheber des Bauernkrieges. Er sollte den Aufständischen sogar die berühmten zwölf Artikel geschrieben haben. Dem Kaiser galt der Bauernkrieg schlechthin für eine „lutherische Bewegung". Und ob man nun Luther beschuldigte oder nicht, auch seine wärmsten Anhänger empfanden die tiefe Entmutigung, welche nach dieser entsetzlichen Katastrophe das ganze Volk ergriff. Die Volkskraft, welche bis dahin Luthers Sache unwiderstehlich vorwärts getragen hatte, war gebrochen und auch sein Vertrauen zum Volke war erschüttert, wenn nicht zerstört. Bis an die Stelle der Volkskraft eine andere Kraft treten konnte, welche die reformatorische Bewegung stützte, mußten Jahre vergehen. Wenn der Kaiser jetzt kam, konnte er das Reich wieder unter Rom beugen. Weshalb kam er nicht?

Am 18. November 1523 erfuhren die Römer die Wahl eines neuen Papstes, welcher sich Clemens VII. nannte. Derselbe war ein naher Verwandter Leo's X. Als dessen Vicekanzler hatte er manches Jahr die päpstliche Politik geleitet und namentlich dazu beigetragen, daß sich Leo schließlich für den Kaiser entschied. Er war für diesen dann selbst ins Feld gezogen. Auch nach Leo's Tode blieb er der kaiserlichen Sache unerschütterlich treu. Wesentlich seiner Einwirkung verdankte es Karl, daß Adrian zuletzt doch seine Bedenken überwand und für den Kaiser Partei nahm gegen Frankreich. Er schien so durch seine ganze Vergangenheit unzertrennlich mit dem Kaiser verbunden zu sein, welcher sich deshalb auf das angelegentlichste für seine Wahl bemühte. Auch der kaiserliche Botschafter in Rom meinte, mit der Erhebung dieses Medici auf den Stuhl Petri werde die kaiserliche Sache eine unschätzbare Stütze gewinnen. Als die Wahl endlich nach langem, schwerem Kampfe entschieden war, schrieb er dem Kaiser, seine Macht sei jetzt so groß, daß er Steine in gehorsame Söhne verwandeln könne. Er hielt den neuen Papst einfach für eine Creatur des Kaisers.

Das war eine seltsame Täuschung. Nach den eben mit Adrian gemachten Erfahrungen muß man sich wundern, wie der kaiserliche Diplomat, der seit mehr als einem Jahre an der Curie gelebt hatte, sich einbilden konnte, irgend ein Papst werde dem Kaiser unbedingt zu Willen sein. Und nun gar dieser Clemens! Die gewissenhaften Bedenken, welche Adrian von einer thätigen Unterstützung des Kaisers abgehalten hatten, kannte er freilich nicht. Eine Verwickelung des Papsttums in weltliche Händel grundsätzlich zu meiden, lag ihm ganz fern. Vielmehr war er durchaus in den politischen Bestrebungen seiner Zeit und Heimat, in der Machtlust des Hauses Medici aufgewachsen. Ihm lag freilich nicht wie Leo X. an einer prunkvollen Entfaltung seiner Herrlichkeit, an einer raffinierten Steigerung künstlerischer und litterarischer Genüsse. Leo hatte die päpstlichen Finanzen mit seinem üppigen Leben so furchtbar zerrüttet, daß seine Nachfolger sich bescheiden halten mußten. Clemens war auch viel zu umsichtig, um sich wie Leo über den Ernst der Zeiten zu täuschen. Er wußte genau, wie bedrohlich die Dinge in Deutschland standen, er kannte die Ansteckung der Schweiz, sah mit Zittern die ketzerische Pest bereits in Italien eindringen. Ebenso kannte er die europäische Politik durch und durch und sah mit scharfem Blick voraus, welche Gefahren der erbitterte Kampf der christlichen Großmächte dem Papsttum bereiten könne. Entscheidend in diesen Kampf eingreifen zu können, bildete er sich nicht ein. Aus dem allen ergab sich für ihn die Einsicht, daß er mit allen Mitteln auf die Beilegung dieser verderblichen Zwistigkeiten hinwirken müsse. Nun aber trat dieser Weisheit die Begehrlichkeit in den Weg. Freilich wünschte Clemens den Frieden, aber nur einen Frieden, den er gemacht und der ihm materiellen, unmittelbaren Vorteil bringe. Er hatte in Italien eine lange Reihe von Wünschen und Ansprüchen, die befriedigt werden sollten. Es waren lauter kleine, für die Kirche ziemlich gleichgültige Erwerbungen, aber des Papstes Seele hing nun einmal an diesen Kleinigkeiten. So geschah es, daß er auf die streitenden Mächte nie mit der Autorität eines nur das Wohl der Christenheit bedenkenden Papstes einwirken konnte, vielmehr ihnen stets in dem Lichte eines Mannes erschien der vor allem den eigenen Nutzen suche. Den gönnte ihm weder der Kaiser noch Frankreich. Da konnte er denn weder für den Einen noch für den Andern sein, er konnte aber auch nicht gegen sie sein und ebensowenig wirklich neutral. Denn den Gewinn konnte er nur mit ihrer Hilfe machen.

Clemens war ein außerordentlich kluger Mann. Aber die Klugheit ist gefährlich, wenn sie ein Leben allein steuert. Sie sieht leicht so viele Schwierigkeiten, Möglichkeiten, Gefahren, daß sie haltlos hin und her geworfen wird. Clemens war so klug, daß ihm bald Niemand traute, weder in seiner unmittelbaren Umgebung, noch an den europäischen Höfen. Natürlich traute er auch Niemand. Wie hätte er da etwas wagen sollen? Und jedes folgerechte Thun erschien als Wagnis. Er konnte weder fest mit dem Kaiser gegen Frankreich, noch mit Frankreich gegen den Kaiser gehen; er mußte so viel als möglich immer mit Beiden und gegen Beide sein. Da das aber in Wirklichkeit nicht möglich war, mußte er Beide gleichmäßig täuschen. Wer aber oft getäuscht hat, täuscht bald Niemand mehr, weil ihm Niemand glaubt.

Eigentümliches Verhängnis, das die Curie verfolgte! Welche

Aufeinanderfolge allerverschiedenster Charaktere an der Spitze der katholischen Kirche seit dreißig Jahren, diese Alexander, Julius, Leo, Adrian, Clemens, und ein Jeder bringt den Ruin immer näher und der Klügste von Allen am schlimmsten. Adrian war so einsichtig gewesen, die päpstliche Würde nur mit Seufzen auf sich zu nehmen. Der kluge Clemens strebte mit aller Macht nach ihrem Gewinn: kaum hatte er sie erlangt, so begann für ihn ein Leben stets wechselnder Not und Angst.

Der Kaiser konnte es gar nicht verstehen, daß dieser Clemens, der bis zu seiner Erhebung mit seltener Treue zu ihm gehalten und um dessen Wahl er sich so große Verdienste erworben hatte, nun als Papst ein ganz anderer wurde. Immerhin hielt sich Clemens im ersten Jahre so, daß Karl meinen konnte, er habe in ihm einen, wenn auch sehr vorsichtigen, ja ängstlichen Freund. Als aber gegen Ende des Jahres 1524 die Franzosen übermächtig in Italien vordrangen, da ließ sich Clemens, welcher die Dinge immer schwärzer sah, als sie waren, zu einem heimlichen Vertrag mit ihnen drängen. Und kaum hatte er ihnen in der Meinung, sie seien jetzt die Herren in Italien, verstohlen die Hand gereicht, so wendete sich das Blatt: die Kaiserlichen kamen wieder zu Atem. Clemens, ihre Rache fürchtend, ging jetzt auf sehr bedenkliche Anschläge gegen sie ein, während er den Kaiser seiner wärmsten Freundschaft versicherte.

Karl wußte sehr wohl, eine wie große Rolle Lug und Trug in der Politik spielen, aber das Benehmen des heiligen Vaters empörte ihn nichts desto weniger aufs tiefste. Die Beziehungen der beiden Häupter der Christenheit, meinte er, sollten einen reineren Charakter tragen. Für sie sei einträchtiges Zusammen= wirken zum Wohl der Christenheit oberste Pflicht. Hatte er nicht in diesem Sinne vor wenigen Monaten dem Papst zu Liebe eine sehr gewagte Stellung gegen das Reich eingenommen, hatten sie sich nicht da zum Kampf gegen Luther die Hand gereicht, hatte er nicht eben den Papst daran mahnen lassen, er möge wohl überlegen, was er ohne ihn gegen Ketzer und Türken vermöge, und nun, da des Papstes Treue zum ersten Mal für ihn von großem Gewicht wurde, dieser Abfall! Karl wußte seine Em= pfindungen merkwürdig zu bemeistern. Kaum je entfuhr ihm ein leidenschaftliches Wort. Aber diese Treulosigkeit des Papstes war seiner Fassung zu stark. „Von der Sache Luthers zu reden", schrieb er seinem Botschafter in Rom, „ist jetzt keine Zeit." Ja mündlich äußerte er sogar: „Heute oder morgen wird Martin Luther vielleicht ein wertvoller Mann sein." Sollte man glauben, daß es der Papst war, welcher diesen Kaiser auf solche Gedanken brachte!

Aber Pavia stellte Alles auf den Kopf. Der siegreiche Kaiser verzieh die Untreue des Papstes, schien sie ganz vergessen zu haben. Er bot ihm von neuem die Hand zu festem Bunde. Der Papst war auf die erste Kunde von dem furchtbaren Sieg des Kaisers wie tot. Jetzt schien gewiß, was er immer gefürchtet, daß der Kaiser ihn und Italien ganz in der Hand habe. Das siegreiche Heer konnte ihn erdrücken. Die Angst trieb ihn, im Bündnis mit dem Allgewaltigen Rettung zu suchen. Aber gleich= zeitig wurden von Rom aus alle Hebel angesetzt, dem Furchtbaren in der ganzen Welt Schwierigkeiten zu erregen. Man ermutigte Frankreich, nicht Alles verloren zu geben, man ermahnte England, der bedrohlichen Uebermacht des Kaisers Schranken zu setzen, man konspirierte in Italien mit alten und neuen Feinden des Kaisers. Gewiß, nicht der Papst allein hat es bewirkt, daß dem Kaiser aus dem glänzendsten Siege in kurzen Monaten die schwersten Ver= legenheiten erwuchsen. Die Natur der europäischen Verhältnisse empörte sich gegen die Obmacht eines einzigen Herrschers. Dieser Herrscher selbst schuf sich durch die Ueberspannung seiner Forderungen unüberwindliche Schwierigkeiten. Und auch dem Papste gegenüber ließ er es nicht an Unvorsichtigkeiten und kleinlichem Eigennutz fehlen. Aber schließlich war es doch der Papst, welcher ein für seine Kirche verhängnisvolles Zerwürfnis mit dem Kaiser haupt= sächlich herbeiführte.

Wenn man die Politik des Papstes in dieser Zeit aufmerksam prüft, kann man nicht umhin zu zweifeln, ob ihn die Angst vor dem zu mächtigen Kaiser noch dazu kommen ließ, an Luther ernst= lich nur zu denken. In dem Augenblicke, wo, wie seine Klugheit gewiß nicht verkannte, in Deutschland einer durchgreifenden Her= stellung der alten Kirche eine unerhörte Gunst aller Verhältnisse entgegen kam, verstrickte er sich, von blinder Leidenschaft getrieben, in eine maßlose Feindseligkeit gegen den Kaiser, welcher doch allein jene Gunst fruchtbar machen konnte. Sonst immer die Unentschlossenheit selbst, ließ er sich jetzt zu den äußersten Wagnissen fortreißen, welche sein Verhältnis zum Kaiser für immer zerrütten mußten. Denn wie konnte ihm dieser je verzeihen, daß er seinen Oberfeldherrn Pescara zum Verrat zu verlocken suchte? Wie, daß der heilige Vater dann Alles that um König Franz zum Bruch der Eide zu stacheln, mit denen dieser seine Befreiung aus der Gefangenschaft erkauft hatte?

Im Herbst 1526 war es dahin gekommen, daß der Kaiser in großen Staatsschriften vor aller Welt über den Papst eine Flut der schwersten Beschuldigungen ergoß, daß er, der Pflichten seines heiligen Amtes vergessend, die Kirche und die Christenheit zerrütte, welche der Kaiser vor ihm schützen müsse. Sollte man nicht meinen, jetzt wäre der Augenblick erschienen, wo Luther dem Kaiser ein wertvoller Mann wurde? Wenn er damit im Februar 1525 gedroht hatte, wo ihn der Papst doch nur nicht mehr unterstützte, wie konnte er jetzt Bedenken tragen, Ernst zu machen, wo ihn der Papst mit schroffster Feindseligkeit heimsuchte? Und doch hören wir nicht, daß Karl in den Tagen der größten Erbitterung auf Clemens und der schwersten Bedrängung durch ihn auch nur daran gedacht habe, sich Luthers gegen den Papst zu bedienen. Das Aeußerste, wozu er unseres Wissens gebracht wurde, war die Erwägung, ob er nicht, um seines Bruders Verlegenheiten zu erleichtern, den deutschen Ketzern eine gewisse Nachsicht gewähren solle. Und auch diese Frage wurde verneint. Ob der Sieg von Pavia im Kaiser das Gefühl seiner katholischen Verpflichtung so verstärkt, oder ob etwa der Einfluß seiner jungen Gemahlin darauf gewirkt, wir wissen es nicht. Aber wie er auch Clemens zürnte, vor dem heiligen Vater verbeugte er sich stets in tiefster Ehrfurcht. Je mehr der Papst sich alle Obliegenheiten seiner kirchlichen Stellung aus dem Sinne schlug, im Kaiser durchaus nichts sah als seinen weltlichen Gegner, den er mit jedem Mittel bekämpfen dürfe, desto beharrlicher strebte der Kaiser danach, die Freundschaft mit dem Papste herzustellen. Freilich auch er nie so, daß er dieser Freundschaft einige doch recht unerhebliche politische Ansprüche hätte opfern mögen. So unerschütterlich er an seinem katholischen Grundgedanken festhielt, ebenso hartnäckig bestand er darauf, einige unbedeutende italienische Territorien gegen den Papst zu behaupten. Luther gegen den Papst zu benutzen, war ihm unmöglich; aber an Modena und Reggio konnte er Jahre lang die so ersehnte Verständigung mit dem Papste scheitern lassen.

Wenn indessen der Kaiser davor zurückscheute, den Papst durch seinen gefährlichsten Feind in die Enge zu treiben, es sollte doch geschehen, daß die Ketzer im Dienst des Kaisers über den Papst eine furchtbare Züchtigung verhängten. Clemens hatte es dadurch, daß er Frankreich, England und Italien im Bündnis gegen den Kaiser vereinigte, dahin gebracht, daß dieser in Spanien wie gelähmt dasaß, den Krieg gehen lassen mußte, nicht wie er, sondern wie seine Soldaten wollten, für deren Unterhalt und Bezahlung er nie sorgen konnte. Luther wollte er nicht gegen den Papst verwenden, aber die Lutheraner mußte er willkommen heißen, als er in Deutschland die Trommel rühren ließ zur Werbung gegen den Papst. Und dieses deutsche Heer, welches im November 1526 über die Alpen stieg, faßte bald Rom als das ersehnte Kriegsziel ins Auge. Aber nicht nur die deutschen Ketzer, auch die katholischen Spanier und Italiener verlangten nach Rache an diesem Papste, der seine Pflichten gegen den frommen Kaiser so gröblich verletze. Und zu dem Hasse gesellte sich die Gier nach den Schätzen Roms als mächtigster Antrieb. Was war seit hundert Jahren nach diesem Rom aus allen Nationen zusammengetragen worden! Die Spanier klagten nicht viel weniger als die Deutschen über die unerträgliche Ausplünderung durch die Kurie. Es war, als wenn die ganze Christenheit an diesem Rom gerächt werden sollte, als sich das kaiserliche Heer, in dem fast alle Nationen vertreten waren, dessen spanische, deutsche, italienische Haufen ein Franzose führte, als sich dieses Heer im Frühling 1527 gegen Rom heran wälzte. Was auch geschah, um seine zerstörende Bewegung aufzuhalten, es war alles umsonst, die Anerbietungen des Papstes so gut wie die Versprechungen und Vorstellungen der kaiserlichen Feldherrn. Wie eine elementare Gewalt trieben diese wilden Scharen vorwärts und wie durch ein Wunder wurden sie Herren der ewigen Stadt.

Wenn wir durch die weiten Räume der Geschichte wandern und den Blick nicht durch die kleinen Einzelheiten beirren lassen, sondern auf den großen Zusammenhang der Dinge richten, verläßt uns nie das Gefühl, daß da etwas Höheres waltet, als der Wille der Menschen, welche ihren oft so kurz bemessenen Zielen nachjagen. Aber selten tritt dieser providentielle Charakter so stark hervor als in diesen Frühlingstagen des Jahres 1527. Der Wille der Mächtigen ist da wie vernichtet. Der Papst hat endlich die Unmöglichkeit erkannt, dem Kaiser noch länger zu widerstreben, er will Frieden. Auch die kaiserlichen Feldherren wollen ihn. Ihre Not ist so groß wie die des Papstes. Vor allen will ihn der Kaiser. Aber diese Uebereinstimmung Aller, welche sonst über den Gang eines Krieges entscheiden, ist hier vollkommen ohnmächtig. Wie ein durch die Dämme gebrochener Strom dringt dieses kaiserliche Heer vorwärts. In höchst trauriger Verfassung erscheint es vor den Mauern der ewigen Stadt, ohne Geschütz, ohne Lebensmittel. Nur einige Tage braucht Rom sich zu halten und das Heer ist verloren. Aber gleich der erste Tag bringt den Sieg.

Es ist nicht unsere, es war der Zeitgenossen Empfindung, daß in dieser höchst wunderbaren Eroberung Roms und in der entsetzlichen Verheerung, welche dann die Sieger über die Residenz des Papstes verhängten, der Wille Gottes kund geworden sei. Und zwar urteilten so nicht etwa die deutschen Ketzer, sondern katholisch gläubige Spanier. „Jetzt erkenne ich", rief einer derselben, „die Gerechtigkeit Gottes, der nicht vergißt, wenn er auch spät kommt. Denn in Rom wurden alle Sünden ganz offen geübt."

Was war es nun doch für ein Ereignis, daß die ganze Christenheit das päpstliche Rom von den Soldaten des Kaisers erstürmt, ausgeplündert, den Papst selbst von ihnen erst belagert, dann gefangen gehalten sah! Wann hatte man die beiden Schwerter so gegen einander gekehrt gesehen? Hatte der Kaiser dieses ungeheure Attentat gegen den heiligen Vater gewollt? Er beteuerte gegenüber den Anschuldigungen seiner Feinde, daß es durchaus gegen seinen Willen geschehen sei. Aber wie kam es denn, daß das kaiserliche Heer seine unerhörte Verwüstung der katholischen Hauptstadt viele Monate fortsetzte, den Papst bis zum November gefangen hielt? War es zu glauben, daß der Kaiser in dieser ganzen langen Zeit seine Autorität über das verwilderte Heer nicht herzustellen vermochte? War dieser mächtigste Herr der Christenheit so ohnmächtig, daß er diesem entsetzlichen Aergernis kein Ende machen konnte? Die Stellung des Kaisers wurde in ihrem tiefsten Fundament erschüttert. Er, der oberste Schirmherr der Kirche, erschien als ihr gefährlichster Feind. Das gab nicht nur seinen auswärtigen Gegnern eine gefährliche Waffe in die Hand, es bedrohte sogar die Treue seiner eigenen Unterthanen, vornehmlich der katholisch eifrigen Spanier, welche schon längst an der Gunst Anstoß genommen hatten, deren sich Erasmus beim Kaiser, seinen obersten Ratgebern und einigen der ersten Prälaten der spanischen Kirche erfreute. Denn dieser Erasmus galt ihnen, obwohl er sich ja seit einigen Jahren scharf gegen Luther gewendet hatte, als gefährlicher Ketzer.

So entstand für den Kaiser eine höchst seltsame Lage. Er, dem nichts mehr am Herzen lag, als zusammen mit dem Papste die deutsche Ketzerei auszurotten, war durch die blinde Feindseligkeit des Papstes nicht nur außer Stand gesetzt worden, irgend etwas in dieser Richtung zu thun, er wurde sogar genötigt zu seiner Selbstverteidigung den Papst ebensowohl mit geistigen als mit physischen Waffen anzugreifen. Jene Staatsschriften vom Herbst 1526 waren Clemens bereits in einer Weise entgegengetreten, welche zu dem ganzen System der kaiserlichen Politik wenig paßte. Nun aber wurde auf diesem Wege fortgeschritten zu einer Kritik des ganzen päpstlichen Wesens, welche nicht mehr nur diesen Clemens, sondern die gesamte römische Praxis schonungslos beleuchtete. Und zwar nicht nur in gewissen Aeußerlichkeiten, in gewissen Entstellungen, sondern im innersten Kern. Ein Spanier, ein im Dienste des Kaisers stehender, zu seiner Verteidigung schreibender und über die Akten der kaiserlichen Kanzlei verfügender, Alfonso de Valdés, durfte es wagen, Rom die Lehre Christi gegenüberzustellen! Dem Weltsinn des Papstes war es gelungen, den katholischsten aller Fürsten in eine Lage zu bringen, wo er den evangelischen Geist als Verbündeten dulden mußte.

Sicherlich war dem Kaiser die eigentliche Tendenz solcher Verteidigung nicht bekannt. Auch in der äußersten Bedrängnis würde er nicht geduldet haben, daß in seinem Interesse die Grundlagen der römischen Kirche angetastet würden. Es war das ja fast noch ärger, als wenn er Luther vorübergehend gegen die Kurie benutzt hätte. Aber wenn einmal alle natürliche Ordnung so auf den Kopf gestellt ist, wie damals in den Beziehungen zwischen Kaiser und Papst, so ergeben sich daraus auch gegen den Willen des Mächtigsten Konsequenzen der sonderbarsten Art. Der Sinn des Kaisers war unzweifelhaft jetzt ebenso katholisch gläubig wie zur Zeit des besten Einvernehmens mit der Kurie. Nichtsdestoweniger konnte es geschehen, daß die erste evangelische Schrift, welche in spanischer Sprache gedruckt wurde, zur Verteidigung eben dieses Kaisers verfaßt wurde. Und der spanische Generalinquisitor war ein Freund dieses Verfassers.

Man darf die unmittelbare praktische Bedeutung einer so ganz abnormen Erscheinung nicht überschätzen. Alfonso und noch mehr sein bald noch weiter gehender Bruder Juan de Valdés, sie konnten ihre Ketzereien im Dienste des Kaisers doch nur, man möchte sagen, verstohlen üben. Eine tiefere Wirkung auf den Sinn der Spanier blieb durch alle Verhältnisse ausgeschlossen. Der Kaiser selbst aber strebte mit aller Macht aus einer Lage heraus, welche ihm über Alles peinlich war. Herstellung der Freundschaft mit dem Papste mußte ihm gerade nach den entsetzlichen Vorfällen des Jahres 1527 ein immer dringenderes Bedürfnis werden. Und der Papst war durch so schreckliche Erfahrungen doch wohl auch gewitzigt? Nichts weniger als das. Das Insichgehen schien diesem Oberhaupt der Kirche völlig versagt zu sein. Clemens blieb nach den furchtbaren Prüfungen seiner langen Gefangenschaft nicht nur ebenso vom Weltsinn erfüllt wie vorher; dieser Sinn nahm einen immer kleinlicheren Charakter an. Der namenlose Jammer des seit sieben Jahren vom unbarmherzigsten Kriege verwüsteten Italien rührte ihn so wenig wie die Not der schutzlosen Kirche. Immer noch war es der Gewinn dieser oder jener Stadt, welcher ihn hauptsächlich beschäftigte. Freilich schwankte ja der Krieg in Italien bis zum Herbst 1528 unberechenbar hin und her. Entscheidend auf ihn einzuwirken lag mehr als je außerhalb der Macht des Papstes. Aber auch, als am Ausgange des Kampfes Niemand mehr zweifeln konnte, wie ängstlich und kleinlich zögerte da noch der Papst den von allen großen Interessen dringend geforderten Abschluß hinaus! Hatte er nach Pavia vor der Macht des Kaisers gezittert, so fürchtete er jetzt die Rache der Freunde, welche er im Stiche lassen mußte und welche er doch durch die Art seines Benehmens am tiefsten kränkte. So ging für die kirchlichen Aufgaben abermals eine kostbare Zeit verloren. Erst Ende Juni 1529 erfolgte der Friedensschluß zwischen Kaiser und Papst.

Auch damit waren indessen Karls Hände keineswegs frei. Es mußte der Friede mit Frankreich gewonnen und dann, als der Kaiser endlich in Italien gelandet war, die verwickelten Verhältnisse dieses Landes geordnet werden. Es verging ein halbes Jahr, bis alle diese Aufgaben einigermaßen erledigt waren. Erst Ende Februar 1530 erfolgte die pomphafte Kaiserkrönung in Bologna. Einen Monat vorher hatte Karl jedoch die Stände auf Anfang April zu einem Reichstage nach Augsburg geladen, um über die „Irrung und Zwiespalt in dem heiligen Glauben" zu handeln. Ende April betrat er nach fast neunjähriger Abwesenheit zum ersten Male wieder deutschen Boden.

Die geschilderten Begebenheiten hatten der Reformation fünf Jahre geschenkt, eine geradezu unschätzbare Zeit. Man kann sagen, diese fünf Jahre haben ihr Leben gerettet. So wenig sie voraussichtlich im Sommer oder Herbst 1525 im Stande gewesen wäre, dem von dem siegreichen Kaiser unternommenen Angriffe zu widerstehen, seitdem hatte sie sich so befestigt und organisiert, daß im Sommer 1530 der auf der Höhe seiner Erfolge stehende Kaiser Bedenken trug, sie mit der Gewalt der Waffen niederzuwerfen.

Wie wir früher hörten, lag es in der Natur aller Verhältnisse tief begründet, daß deutsche Obrigkeiten sich nicht so leicht und so rasch unumwunden für Luthers Lehre entscheiden konnten. Aber unmittelbar vor der großen Katastrophe des Bauernkriegs, welche die reformatorische Bewegung mit so schweren Gefahren heimsuchte, war es dahin gekommen, daß sich einige mächtige Fürsten des Reichs zu der neuen Lehre bekannten und auch einige Städte ähnlich standen. Als nach der Besiegung der Bauern die norddeutschen Anhänger Roms es selbstverständlich fanden, daß alle Stände sich die Hand reichen müßten, um die eigentliche Wurzel des Uebels, die „verdammte lutherische Sekte," auszurotten, erhielten sie von dem eben zur Regierung gelangten Kurfürsten Johann von Sachsen und dem jungen Landgrafen Philipp von Hessen den Bescheid, daß sie über den Sitz des Uebels anders dächten. Bald mußten die Freunde Roms die Ueberzeugung gewinnen, daß, wenn sie ihr Vorhaben ausführen wollten, sie zuvor jene beiden mächtigen Fürsten niederwerfen müßten.

Herzog Georg und seine norddeutschen Freunde durften sich wohl sagen, daß es nicht eigentlich ihr Beruf sei, sich vor Allen für den Papst in Gefahren zu stürzen, daß da vielmehr der Kaiser oder sein Bruder Ferdinand vorangehen müsse. Wie höchst eigentümlich war es nun aber wieder mit diesem Ferdinand bestellt! Nirgends in deutschen Landen hatte der „große Bauernrebell" so bedrohlich und hartnäckig gehaust, wie in verschiedenen Gebieten Ferdinands; während überall sonst die Ruhe hergestellt war, brannte es in Tirol und Waldshut noch immer fort. Fast keiner der deutschen Fürsten hatte sich gegen den Sturm schwächer gezeigt als der kaiserliche Statthalter, und doch hatte er mitten in den schwersten Bedrängnissen die Hand begehrlich nach dem Besitz seiner geistlichen Nachbarn ausgestreckt. Das Jahr 1525 hatte unter den deutschen Fürsten den Respekt vor Ferdinands Macht ebenso empfindlich gemindert wie die Besorgnis vor seiner Herrschsucht gemehrt. Es waren infolgedessen tiefgehende Mißstimmungen zwischen dem Statthalter und seinen natürlichsten Freunden entstanden: die Regensburger Verbündeten, welche sich im Sommer 1524 zum energischen Kampfe gegen die Ketzer die Hand gereicht hatten, waren jetzt argwöhnisch einander gegenüber gestellt. Vor Allen die bayrischen Herzöge, die eifrigsten und zuverlässigsten Stützen der alten Kirche in Oberdeutschland, gerieten in einen höchst folgenreichen Gegensatz zu Ferdinand. Und da nun die scheinbar erdrückende Uebermacht des Kaisers damals alle seine europäischen Gegner zu erhöhter Thätigkeit spornte, so griff das Ausland mehr als sonst nach dem Reiche hinüber, um dem Kaiser auch hier Schwierigkeiten zu schaffen. Wie hätten Frankreich und der Papst, welche überall gegen den Kaiser minierten, nicht auch bei den deutschen Fürsten ihre Hebel ansetzen sollen? Bald fühlte Ferdinand den ganzen Boden des Reichs zittern. Wie der Bruder so war auch er nach den Erfolgen des Jahres 1525 übler daran als vorher.

Wie hätte er in solcher Lage kräftig gegen die Ketzer vorgehen können? Zumal bald ein noch viel furchtbarerer Feind als Luther seine ganze Stellung bedrohte, der gewaltige Suleiman sich zu einem Vernichtungszuge gegen die Christen der Donauländer anschickte. Sachsen und Hessen bemühten sich lange umsonst, ihre Gemeinschaft zur Verteidigung des Wortes Gottes auszudehnen. Die Angst des vorigen Jahres und die Furcht vor dem mächtigen Kaiser lag noch lähmend auf den Gemütern. Und trotzdem fehlte der Ueberzahl der Freunde Roms der Mut fest anzufassen. Sie riefen den fernen Kaiser um Hilfe an. Aber wir wissen, was der Kaiser konnte.

So lagen die Dinge, als im Frühling 1526 der Reichstag in Speier zusammentrat. Der Kaiser wiederholte auch hier seine Forderung, das Wormser Mandat zu vollstrecken. Er hatte soeben die Treugebliebenen dringend aufgefordert, ihre Reihen fest zu schließen und ihnen seine baldige Ankunft im Reiche verheißen. Es schien, als müsse auf diesem neuen Reichstage im römischen Sinne Ernst gemacht werden. Da erlebte man nun abermals, daß wirkliche volle Hingebung nur auf evangelischer Seite zu finden war. Die scheinbar drohende Gefahr führte ihre Anhänger im Juni nach Magdeburg zusammen, wo eine recht stattliche Anzahl von Fürsten Sachsen und Hessen die Hand reichte. So geeinigt erschienen sie in Speier. Hier zum ersten Male traten sie mit dem unumwundenen Bekenntnis zu Luthers Lehre hervor. Sie zeigten sich entschlossen an Gottes Wort unter allen Umständen festzuhalten. Sehr anders sah es bei den Gegnern aus. Man hatte nach ihrem kürzlich bewiesenen Eifer und nach der scheinbar engen Verbindung, in welche sie mit dem Kaiser getreten waren, annehmen müssen, sie würden auf diesem Reichstage Alles aufbieten, der langen Unsicherheit ein Ende zu machen. Statt dessen fanden es ihre Häupter nicht einmal nötig, zu erscheinen. Sie verfügten nichts desto weniger über die Mehrheit, aber diese Mehrheit fühlte sich unsicher. Dazu erfuhr man bald nach dem Beginn der Verhandlungen, daß die gewaltige Macht des Kaisers, unter deren Druck Deutschland seit einem Jahre gestanden hatte, eine Täuschung gewesen sei. Das große Bündnis gegen den Kaiser trat ans Licht. Gegen den Papst, dem sich das Reich abermals unbedingt unterwerfen sollte, mußte der Kaiser selbst zu Felde ziehen. Die Evangelischen konnten mit gutem Grunde die Ansicht äußern, wenn sie der Kaiser im März zum Gehorsam gegen den Papst aufgefordert habe, könne es jetzt, im August, nicht wohl mehr sein Wunsch sein, daß sie seinem Feinde zu Willen wären. Die römische Majorität der Stände sah sich in peinlicher Verlegenheit. Hatte sie vor zwei Jahren in Nürnberg die Verpflichtung ausgesprochen, dem Wormser Mandat so viel als möglich nachzukommen, so empfahl es sich jetzt, von diesem Mandat ganz abzusehen. Stärker als je wurde die Notwendigkeit anerkannt, die kirchlichen Wirren durch ein baldigst zu berufendes Konzil zu schlichten. Was aber sollte bis dahin geschehen? Auf den Nürnberger Reichstagen hatte man versucht, Normen aufzustellen, welche über die Kardinalpunkte doch nur mehrdeutige Bestimmungen enthielten. Jetzt verzichtete man auf ein so unfruchtbares Unternehmen und begnügte sich mit einem Satze, den ein Jeder noch viel bequemer nach seinem Belieben auslegen konnte: bis zum Zusammentritte des General- oder Nationalkonzils sollten Stände in Glaubenssachen leben, wie sie es gegen Gott und den Kaiser verantworten könnten.

Mit diesem Speierer Reichstagsabschiede vom 27. August 1526 war thatsächlich den evangelischen Ständen die Bahn frei gemacht, die kirchlichen Angelegenheiten in ihren Gebieten so zu ordnen, wie sie es für angemessen hielten. Denn der Gang der europäischen Politik machte es jeden Tag klarer, daß an den baldigen Zusammentritt eines allgemeinen Konzils gar nicht zu denken sei. Von einem Nationalkonzil wollte ja aber der Kaiser unter keinen Umständen hören. Konnte das kirchliche Leben auf unabsehbare Zeiten in der gegenwärtigen Verwirrung belassen werden? In weiten Gebieten des Reichs hatte man die römische

Ordnung abgeworfen, aber keine neue an die Stelle gesetzt. Das unabweisbare Bedürfnis nötigte die evangelischen Stände, jetzt endlich den bisherigen schwankenden Zustand zu beseitigen, die evangelische Kirche zu begründen.

Der Kaiser, sahen wir, war in den nächsten Jahren außer Stande, diesem Prozesse der positiven Lossagung von Rom ernstlich entgegenzutreten. Wenn aber früher die fehlende kaiserliche Autorität einigermaßen durch den Statthalter ersetzt worden war, so sollte gerade jetzt, in diesen entscheidenden Jahren der Begründung der evangelischen Kirche, auch Ferdinands Thätigkeit dem Reiche so gut wie ganz entfremdet werden. Der Kaiser wurde durch schweres Mißgeschick, sein Bruder durch einen außerordentlichen Erfolg gehindert, in seiner bisherigen Weise die Ketzerei zu bekämpfen.

Was seit vielen Jahren gedroht hatte, das wurde im Sommer 1526 furchtbare Wirklichkeit. Sultan Suleiman führte gegen das durch innere Zwietracht aufgelöste Ungarn ein ungeheures Heer heran, dem der junge König Ludwig bei Mohacs erlag. Mit dieses Königs Tode waren die Kronen von Ungarn und Böhmen herrenlos. Als der Gemahl der einzigen Schwester des kinderlosen Ludwig konnte Ferdinand auf die beiden Länder Anspruch erheben. Zwar traten ihm in Böhmen wie in Ungarn Fürsten entgegen, welche viel bessere Aussichten zu haben schienen als er. Aber in höchst überraschender Weise schlug er sie aus dem Felde. Im Februar 1527 wurde er als König von Böhmen, im November als König von Ungarn gekrönt. Aus dem recht machtlosen Erzherzoge von Oesterreich war in demselben Augenblicke, wo der Kaiser sich seiner Feinde kaum zu erwehren wußte, ein weithin gebietender Herrscher geworden. Und eben diese erstaunliche Machterweiterung dieses unversöhnlichen Feindes der neuen Lehre sollte ihrer ruhigen Begründung und Einrichtung das letzte Hindernis aus dem Wege räumen. Denn seit dem September 1526 waren alle Gedanken und alle Kräfte Ferdinands nach dem Osten gerichtet. Im Reiche den Kampf gegen die Ketzer wie früher fortzusetzen, war er völlig außer Stande. Sogar in seinen eigenen Gebieten mußte der mächtige König Vieles geschehen lassen, was der Erzherzog nie geduldet haben würde. Auch

Ferdinand war jetzt durch ein ähnliches Verhängnis zu weit ausgreifender Herrschaft gefesselt wie sein Bruder. Der Besitz Ungarns verstrickte ihn in endlose Kämpfe mit der überlegenen türkischen Macht, gegen welche er den deutschen Beistand nie entbehren konnte, und dieser Beistand war ohne mehr oder weniger ausgedehnte Schonung der Ketzer nicht zu gewinnen.

Wenn aber auch die beiden Brüder, welche die oberste Macht im Reiche besaßen, Jahre lang gehindert wurden, energisch auf die Entwickelung der kirchlichen Angelegenheiten einzuwirken, so wurde deswegen ihre Aufmerksamkeit derselben doch nicht ganz entzogen. Der Kaiser sandte von Zeit zu Zeit seine Boten ins Reich, um den Abfall von Rom zu hemmen, die Getreuen zu ermutigen. Auch König Ferdinand fand hie und da Gelegenheit in demselben Sinne zu wirken. Vor Allem aber mußte der kräftige Aufschwung der jungen Kirche die römisch gesinnten Stände anspornen, nachdrücklicher als bisher aufzutreten. Ließen sie die Dinge länger so fortgehen, so drohte ihnen offenbares Verderben. Die Gleichgültigkeit oder Furchtsamkeit der deutschen Katholiken, an welcher des Kaisers Bemühungen bisher doch wesentlich gescheitert waren, machte jetzt einer entschlosseneren Stimmung Platz. Sobald nun im Herbst 1528 der Kampf in Italien eine dem Kaiser günstige Wendung geboten und der Papst die erste Aussicht auf Verständigung geboten hatte, eilte Karl einen neuen Reichstag zu berufen.

Als diese Versammlung im März 1529 in Speier zusammentrat, war eine Entscheidung in den großen europäischen Angelegenheiten noch keineswegs erfolgt; die Verhandlungen des Kaisers sowohl mit dem Papste als mit Frankreich schwankten noch unsicher hin und her; dagegen drohte König Ferdinand ein neuer furchtbarer Angriff des Türken. Diese Türkengefahr hauptsächlich hatte den Kaiser und seinen Bruder zur Berufung des Reichstages getrieben. Aber die katholischen Stände des Reichs boten jetzt der kaiserlichen Politik gegen die Reformation eine ganz andere Stütze als je zuvor. Seit dem Wormser Reichstage hatte man keine so ansehnliche Versammlung der Stände erlebt und in ihr verfügten die Anhänger Roms über eine ganz entschiedene Mehrheit. Auch auf den früheren Reichstagen hatten sie ja das unzweifelhafte Uebergewicht besessen, aber ihre Majorität war damals eine ängstliche, unsichere oder gleichgültige gewesen. Jetzt dagegen trug ihr Auftreten von vorn herein den Charakter merkwürdiger Entschlossenheit. Von dem „gemeinen Manne" hatten sie jetzt gar nichts mehr zu fürchten; dagegen waren sie durch eine große Unvorsichtigkeit des jungen Landgrafen von Hessen belehrt worden, welche Gefahren ihnen von den fürstlichen Anhängern der neuen Lehre drohen konnten. Vor Allen die Geistlichen entfalteten auf diesem Reichstage einen ganz neuen Eifer. Die schärfsten litterarischen Vorkämpfer Roms waren zur Stelle. Die kaiserliche Politik aber wurde durch einen hervorragenden deutschen Prälaten vertreten, welcher seit einem Jahre durch das ganze Reich hin mit unermüdlicher Emsigkeit geworben, überall persönliche Beziehungen angeknüpft und eine genaue Kenntnis der Dinge und Menschen gewonnen hatte.

So kam es, daß die Verhandlungen auf diesem Reichstage einen wesentlich anderen Gang nahmen als bei den früheren Versammlungen. Die evangelische Minderheit geriet in um so größere Verlegenheit, als der Kaiser seine Forderungen jetzt mäßiger stellte. Hätte er wie früher die einfache, unbedingte Durchführung des Wormser Mandats verlangt, so würden die Stände darauf auch jetzt schwerlich eingegangen sein; denn das wäre nichts geringeres gewesen als die Kriegserklärung gegen einige der mächtigsten Fürsten und eine Reihe der ansehnlichsten Städte des Reichs. Deshalb verzichtete jetzt der Kaiser auf das, was er früher immer gefordert hatte. Er schien den Abfall von der alten Kirche da, wo er vollendete Thatsache geworden war, wenigstens vorläufig, bis zum Zusammentritte des Konzils, ertragen zu wollen; nur sollte dieser Abfall in keiner Weise weiter greifen. Den auf dem vorigen Speierer Reichstage gefaßten Beschluß, welcher thatsächlich die Grundlage der evangelischen Kirchenbildung geworden war, erklärte der Kaiser in sehr nachdrücklicher Weise für aufgehoben, obwohl er betonte, daß jener Beschluß nur in vollständiger Mißdeutung dem Abfall habe zu Statten kommen können. Damit wurde der neuen Kirche ihr einziger reichsgesetzlicher Grund entzogen, sie als eine willkürliche, gesetzwidrige Schöpfung hingestellt. Daß der Kaiser durchaus nicht gewillt sei, sie auch nur auf dem bisher von ihr eroberten Gebiete wirklich zu dulden, klang aus jedem seiner Worte nur zu deutlich heraus. Er verwarf sie jetzt ebenso unbedingt wie früher. Aber er fand es zweckmäßig, ihr zunächst nur das weitere Wachstum abzuschneiden. Blieb sie auf das jetzt Gewonnene beschränkt, wurde ihr die gerade jetzt rasch fortschreitende Ausbreitung versperrt, so konnte ihre spätere vollkommene Unterdrückung keinem Zweifel unterliegen.

Die entschiedene Majorität der Stände stellte sich sofort auf den Standpunkt des Kaisers. Sie verurteilte den Abfall von Rom ebenso unbedingt wie er. Sie wollte freilich auch nicht die Abtrünnigen mit alsbaldiger Gewalt zurück führen, aber jede weitere Neuerung sollte durchaus verboten sein. Vergebens wiesen die Evangelischen darauf hin, daß der von dem vorigen Speierer Reichstage einstimmig gefaßte Beschluß jetzt nicht durch eine Majorität aufgehoben, die damals bis zum Konzil gewährte Freiheit jetzt nicht beseitigt werden könne, wo doch Niemand wüßte, wann das Konzil kommen werde: die Mehrheit blieb unerschütterlich. Sie wies nicht nur die Vorstellungen der evangelischen Stände, sondern auch die Versuche einiger vermittelnder Fürsten zurück. Es blieb dabei: der Abschied von 1526 wurde aufgehoben, jeder weitere Abfall von Rom unter schwere Strafe gestellt, auch die eine und andere Bestimmung getroffen, welche die evangelische Kirche selbst da, wo sie bereits bestand, zu untergraben gestattete.

Wenn die Evangelischen sich diesem Beschlusse unterwarfen, war es um ihre Zukunft geschehen. Konnten sie aber demselben entgegen treten? Sie bildeten, wie ein Vertreter Straßburgs schrieb, doch nur ein „kleines Häuflein." Es waren, als es zur Entscheidung kam, doch nur 5 Fürsten und 14 Städte, welche den Mut besaßen, gegen den Beschluß der Mehrheit zu protestieren. Und dieses kleine Häuflein war bereits durch eine tiefgreifende Differenz in der Abendmahlslehre gespalten, welche die Gegner schon auf diesem Reichstage emsig zu erweitern sich bemühten, indem sie die Auffassung Zwinglis unbedingt verwarfen, den Anhängern Luthers gewisse Hoffnungen erregten, wenn sie sich nur von jenen bösen Sakramentierern trennten.

Mit einem Schlage hatten die kirchlichen Verhältnisse des Reichs eine totale Umgestaltung erfahren: Rom verfügte über eine erdrückende Majorität der Stände, welche, wie es schien, zu entschiedenster Abwehr der Ketzerei entschlossen war. Und eben jetzt, nachdem sich diese bedeutsame Wendung im Reiche, doch wesentlich aus der eigenen Kraft des Reichs, vollzogen hatte, nahm die kaiserliche Macht jenen stolzen Aufschwung, von dem wir gehört haben. Jetzt erst kam der Friede mit dem Papst, mit Frankreich zum Abschluß, jetzt erst trat der Kaiser, von den bisherigen politischen Hindernissen befreit, wieder in engste Verbindung mit dem Papste, um zusammen mit ihm die alte Ordnung in der Christenheit herzustellen. Wenn er so oft verkündet hatte, er ersehne nichts mehr, als die verdammte lutherische Sekte ausrotten zu können, so schien dem jetzt gar keine ernstliche Schwierigkeit mehr im Wege zu stehen.

Denn das „kleine Häuflein" der Protestanten hatte seit dem Speierer Reichstage nicht nur keine nennenswerte Verstärkung gewonnen, sondern die höchst bedenkliche Erfahrung gemacht, daß der Gegensatz zwischen Wittenberg und Zürich es unmöglich mache, die Anhänger Luthers und diejenigen, welche mehr oder weniger zu Zwinglis Auffassung neigten, zu festem Bündnisse gegen die gemeinsamen Gegner zu vereinigen. Und als nun im Juni 1530 der Kaiser in voller Herrlichkeit des Siegers, in gereister Manneskraft auf dem Augsburger Reichstage vor die Stände trat und sehr bald an die Protestanten die Forderung richtete, sich der alten kirchlichen Ordnung zu unterwerfen, da konnte auch diese dringendste Gefahr die Vertreter der lutherischen Theologie nicht veranlassen, mit ihren oberdeutschen Genossen fest zusammen zu halten. Das „kleine Häuflein" stand der Macht von Kaiser und Reich gespalten gegenüber.

Das Verderben schien unabwendbar. Was bedeuteten Sachsen und Hessen mit ihren wenigen fürstlichen Genossen und die überdies meist zur Seite geschobenen Städte gegen die feindliche Uebermacht? Der kluge Melanchthon, welcher auf diesem Augsburger Reichstage die protestantische Sache vornehmlich zu ver=

treten hatte, sah die Lage so verzweifelt an, daß er zu Konzessionen an Papst und Bischöfe riet, welche die junge Kirche aufs äußerste gefährdet haben würden. Aber die Fürsten und die Städte, welchen der Zorn des Kaisers drohte, zeigten sich mutiger als ihr gelehrter Wortführer. Auch sie waren zu allen möglichen Nachgiebigkeiten geneigt, aber den Kern ihrer religiösen Ueberzeugung aufzugeben, lehnten sie mit preiswürdiger Beharrlichkeit ab. Das Wort Gottes stand ihnen höher, als ihr weltlicher Besitz, ja als ihr Leben. Und der unerschütterliche Mut des in der Ferne zurückgehaltenen Luther stärkte sie.

Nach langen mühseligen Verhandlungen, an denen er selbst den eifrigsten Teil genommen hatte, sah sich Karl vor die Frage gestellt, ob er gegen die halsstarrigen Ketzer nun wirklich zur Gewalt greifen solle. Verstand sich denn das nicht von selbst? Haben wir ihn nicht alle die Jahre von dem heißen Verlangen erfüllt gesehen, sobald es nur irgend möglich sei, nach Deutschland zurück zu kehren, um dort „die verdammte lutherische Sekte" auszurotten? Und jetzt, wo er auf dem Gipfel siegreicher Macht, an der Spitze einer ungeheuren katholischen Majorität des Reichstages den wenigen Abgefallenen gegenüber stand, jetzt hätte er Bedenken tragen können?

Selbst in die Seele der Mächtigen, mit welchen wir leben vermögen wir nur selten zu blicken. Wir dürfen uns nicht einbilden, die geheimsten Gedanken der Herrscher zu ergründen, welche sich vor Jahrhunderten auf dieser Erde abgemüht haben, ihre Arbeit zu vollbringen. Am wenigsten, wenn es sich um eine so verschlossene, von tausend widerstrebenden Wünschen und Absichten hin und her geworfene Persönlichkeit handelt, wie Karl V. Aber wir suchen den letzten Antrieben ihrer Handlungen so nahe zu kommen, als möglich. Denn, wenn wir die äußeren Umstände, welche auf ihr Thun einwirkten, noch so genau erforscht haben, die letzte Entscheidung lag doch nicht in diesen Verhältnissen, sondern in ihrer innersten Natur.

Karl V. war durch die Schicksale seiner Jugend ebenso sehr wie durch körperliche und geistige Anlage in der Entwickelung selbständiger Kraft lange zurückgehalten worden. Mit zwanzig

Jahren stand er noch so schüchtern und scheu da, daß sich schwer sagen ließ, ob er überhaupt ein eigenes Wesen habe. Er wurde noch ganz von seinen Räten bestimmt. Jugendlicher Frohmut blieb ihm fremd. Ein unnatürlicher, schwermütiger Ernst lag über dem bleichen Jüngling, dessen zarte Konstitution auf das ängstlichste gehütet werden mußte. Erst als ihm (es war im Beginn seines zweiundzwanzigsten Jahres) der Mann durch den Tod entrissen wurde, welcher ihn lange vornehmlich geleitet hatte, trat er mit eigenem Willen vor. Dieser Wille zeigte sich gleich auf die höchsten Ziele gerichtet: er wollte die kaiserliche Macht im weitesten Umfange weltlicher und geistlicher Befugnisse üben; er wollte das wirkliche Oberhaupt der Christenheit sein, der wahre Schutzherr der Kirche. Aber der Verwirklichung dieser erhabenen Aufgabe traten die größten Schwierigkeiten in den Weg. Der Kaiser mußte immer mehr wollen, als er konnte. Mit rastlosem Eifer widmete er sich nun den Mühen seiner Regierung. War er lange sehr abhängig gewesen, so wurde er jetzt rasch sehr selbständig. Er wollte Alles selbst entscheiden, oft bis in die Kleinigkeiten der Verwaltung hinab. Dadurch verwickelte er sich in eine Arbeitslast, welche ihn erdrückte. Denn wenn es sich um irgend wichtige Dinge handelte, wollte er nur nach sehr reiflicher Ueberlegung entscheiden. Dieses reifliche Erwägen nahm oft einen ungebührlichen Umfang an. Selbst in den besten Jahren jugendlicher Manneskraft wird rasche Entschlossenheit kaum je an ihm beobachtet. Freilich, wenn er das zu thuende mit seinen Räten sorgsam abwog, war es gar nicht anders möglich, als daß die Entschlüsse äußerst langsam reiften. Denn in diesem kaiserlichen Rat saßen Spanier, Niederländer, Italiener, Deutsche neben einander. Ein jeder von ihnen wurde doch unvermeidlich durch die Interessen seiner Heimat mehr oder weniger berührt, und wie hätten spanische, niederländische italienische und deutsche Interessen je zusammen stimmen können? Und wenn auch derartige Einflüsse schwiegen, die kaiserliche Politik stand ja zu oft vor Aufgaben, welche eine klare Lösung ausschlossen. Oder vielmehr, sie stand fast immer vor Unmöglichkeiten. Das, was der Kaiser wollte, als solcher wollen mußte, war in diesem sechszehnten Jahrhundert auf keine Weise zu erreichen. Das größte politische

Genie würde an diesem Unternehmen gescheitert sein, und Karl war kein Genie.

Aber er war ein Herrscher, der mit der größten Zähigkeit an seinen Zielen festhielt. Vor Allem an dem, was er als seine religiöse Aufgabe betrachtete. Wir haben gesehen, wie er unter den größten Widerwärtigkeiten, welche ihm doch hauptsächlich der Papst bereitet hatte, die Herstellung der katholischen Einheit niemals aus den Augen verlor. Aber deswegen werden wir doch kaum annehmen dürfen, daß die furchtbaren Prüfungen, welche die päpstliche Politik über ihn verhängte, ohne allen Einfluß auf ihn geblieben seien. Wenn Karl je etwas von jugendlicher Begeisterung empfunden hatte, so war es damals in Worms gewesen, wo er ganz aus sich, ohne Rücksicht auf die Anforderungen der politischen Lage, Luther entgegen getreten war. Aber was hatte diese katholische Begeisterung seitdem erfahren müssen! Zuerst mit seinem verehrten Lehrer Adrian eine lange Reihe der peinlichsten Verdrießlichkeiten, welche erst kurz vor dessen Tod ein Ende nahmen. Trotz dieser bittern Enttäuschung setzte er dann doch auf Clemens Anfangs ein fast schwärmerisches Vertrauen. Es wurde in der furchtbarsten Weise getäuscht. In dem Augenblicke, wo er im Reiche seinen heißesten Wunsch mit der Ausrottung der Ketzerei hätte erfüllen können, zwang ihm dieser Papst den widerwärtigsten Kampf auf.

Konnte die katholische Begeisterung des Kaisers vor solchen Erfahrungen Stand halten? Konnte der von tausend Schwierigkeiten umringte Kaiser die Einheit der Kirche herstellen, wenn der Papst ihn nicht nur im Stiche ließ, sondern sich unter seine heftigsten Gegner reihte? Mußte nicht überhaupt, was der Kaiser in den Jahren 1526—1529 erlebte, ihn mit einer gewissen Resignation erfüllen? In der That meinen wir ihn während dieser schweren Prüfung von auffallender Passivität erfüllt zu sehen. Er giebt seinen Stand nicht auf, aber er entwickelt auch in keiner Weise durchgreifende Thätigkeit, um ihn zu behaupten. Es ist, als ob er unter der Last der Arbeit schon jetzt ermüde. Nicht eigentlich er, sondern seine Feldherrn und Soldaten führen den Kampf fort, von ihrem Herrn oft auf eine schwer begreifliche Weise verlassen oder doch vernachlässigt.

Und diese Ermüdung tritt denn auch, wenn ich nicht irre, in des Kaisers Verhalten zu der religiösen Frage hervor.

Bis zum Jahre 1526 hält er unerschütterlich an der Forderung fest, daß unbedingt und sofort ausgeführt werde, was das Reich in Worms unter seiner zwingenden Einwirkung gegen Luther verfügt hatte. Diesen Standpunkt giebt der Kaiser zum ersten Male auf, als er einen Reichstag für den Frühling 1529 beruft. Prinzipiell steht er zur religiösen Frage noch ebenso wie früher. Er verwirft den Abfall von der katholischen Kirche unbedingt. Aber nichts destoweniger will er jetzt denjenigen Ständen, welche ihren Abfall thatsächlich vollzogen haben, bis zum Zusammentritt des Konzils Duldung gewähren. Er weiß sehr wohl, wie wenig er hoffen darf, das Konzil in absehbarer Zeit zu erreichen. Jene Duldung reicht also recht weit. Bald darauf macht er seinen Frieden mit dem Papste. In diesem Frieden verpflichtet er sich zusammen mit seinem Bruder, den ketzerischen Irrtümern in aller Weise und mit dem größten Eifer entgegen zu wirken. Der Papst wird, als der gemeinsame Vater und Hirt, alle möglichen geistlichen Mittel darbieten. Wenn aber die Abgefallenen auf die Stimme des Hirten nicht hören und die Mandate des Kaisers nicht beobachten, so werden der Kaiser und sein Bruder gegen sie mit Gewalt einschreiten und die Christo angethane Beleidigung nach Kräften rächen. Das klingt ja nun wieder wie eine höchst kategorische Verurteilung der Ketzer. Aber immerhin wird doch auch hier auf nochmalige friedliche Verhandlungen mit den Abgefallenen hingewiesen, welche der Kaiser früher für vollkommen überflüssig erklärt hatte, da die Sache in Worms ein für alle Mal entschieden worden sei.

Nun begiebt sich Karl nach Italien. Er ist monatelang mit dem Papste zusammen. Natürlich wird er sich mit ihm hauptsächlich auch über die Behandlung der kirchlichen Angelegenheiten zu verständigen gesucht haben. Dem Papste mußte selbstverständlich jede erneute Diskussion mit den Ketzern im höchsten Grade widerstreben. Da Leo X. die Lehre Luthers verurteilt hatte, mußte eine solche Erörterung der päpstlichen Autorität nachteilig sein. In wie weit wollte nun aber der Papst dem Kaiser zur gewaltsamen Ausrottung der Ketzerei behilflich sein?

Welche Garantie konnte er ihm bieten, daß er fest und zuverlässig zu ihm stehen werde, wenn die Anwendung der Gewalt zu Schwierigkeiten führte? Wir müssen annehmen, daß Karl in dem intimen persönlichen Verkehr mit Clemens die Ueberzeugung gewann, daß er in Zukunft auf den Papst ebensowenig sicher zählen könne, als er es in der Vergangenheit gekonnt hatte. Denn als er am 20. Januar 1530 in Bologna das Ausschreiben für den Augsburger Reichstag erließ, gebrauchte er in Bezug auf die religiöse Frage Ausdrücke, wie sie das Reich noch nie von ihm vernommen hatte. Der Reichstag, sagte er, solle über die Beilegung des Zwiespalts im heiligen Glauben verhandeln und zwar so, daß „eines Jeden Gutbedünken, Opinion und Meinung in Liebe und Gütigkeit gehört" werde, um sie „zu einer einigen christlichen Wahrheit zu bringen und zu vergleichen, Alles, so zu beiden Teilen mit Unrecht aufgelegt worden, abzuthun."

Wie zornig war der Kaiser dreingefahren, als der Nürnberger Reichstag im April 1524 beschlossen hatte, im Herbst darüber zu verhandeln, wie es bis zum Konzil mit den kirchlichen Dingen gehalten werden solle! Eine solche Verhandlung deutscher Nation hatte er für eine unerhörte Anmaßung erklärt. Und jetzt kündigte er selbst eine sehr ähnliche Verhandlung an. Man sieht, des Kaisers Stellung zur religiösen Frage war eine wesentlich andere geworden. Was er seit 1526, namentlich vom Papste, erfahren, hatte ihn zu der Ansicht gebracht, daß er nicht verpflichtet sei, die katholische Einheit unbedingt ohne Rücksicht auf seine sonstigen Interessen herzustellen. Da er vom Papste nur eine sehr unzuverlässige Unterstützung erwarten konnte, wollte er so viel als möglich mit friedlichen Mitteln zum Ziele zu kommen suchen. Er wollte die Ketzer hören, mit ihnen verhandeln.

Karl ging ohne Zweifel in der Erwartung nach Augsburg, die abgefallenen Fürsten ohne Anwendung von Gewalt in den Schoß der römischen Kirche zurückzubringen. Nachdem er ihr Bekenntnis gehört und dasselbe von den katholischen Theologen, wie er meinte, hatte widerlegen lassen, forderte er sie auf, ihren Irrglauben nicht länger festzuhalten. Wie konnte er denken, daß dieses „kleine Häuflein" wagen werde, seiner gerade jetzt im hell-

ften Glanze ftrahlenden Weltmacht, feiner von einer gewaltigen
Majorität der Stände unterftützten kaiferlichen Autorität Trotz
zu bieten? Die das thäten, fetzten ja geradezu ihre ganze
Exiftenz aufs Spiel, nur, um einen unbegreiflichen Irrglauben
zu behaupten. Ein ähnlicher Starrfinn war ihm bisher niemals
begegnet. Als die Proteftanten fich doch nicht fügten, fetzte er
alle Mittel in Bewegung, Verheißungen, Drohungen, Beftechungen,
um ihren Widerftand zu brechen. Alles blieb erfolglos. Zuletzt
meinte er, den Gegnern ein großes Anerbieten zu machen, wenn
er ihnen ein Konzil in fichere Ausficht ftelle; bis dahin aber
müßten fie fich gut katholifch halten. Der Kaifer hatte, auch
nachdem er Monate lang mit ihnen verhandelt, noch immer
keinen Begriff von der Unerfchütterlichkeit proteftantifcher Ueber=
zeugungen.

Aber fchließlich fah er fie doch als Thatfache vor fich. Und
nun ftand er alfo vor der entfcheidenden Frage: follte er diefen
unbeugfamen Trotz mit Gewalt brechen? Die Beantwortung
diefer Frage hing wefentlich von dem Verhalten der katholifchen
Stände des Reiches ab. Denn die Weltmacht des Kaifers ver=
fügte doch im Reiche nicht über die Mittel, welche es ihm rat=
fam gemacht hätten, felbftändig gegen die Ketzer einzufchreiten.
Ueberhaupt aber war es mit diefer Macht in Wahrheit auch
jetzt keineswegs fo glänzend beftellt, wie es wohl fchien. In
demfelben Augenblicke, wo König Franz feine in die Gefangen=
fchaft des Kaifers gegebenen Söhne mit ungeheuren Summen
auslöfte, wußten die Diener des Kaifers in Italien nicht, wie fie
fein dortiges Heer bezahlen follten. König Ferdinand fah mit
der größten Sorge einem neuen Angriffe des Türken entgegen,
welcher ja im vorigen Jahre in feine öfterreichifchen Lande ein=
gedrungen war, Wien belagert hatte. Um fich diefe türkifche
Not für einen Augenblick vom Halfe zu fchaffen, zeigten fich die
Brüder zu Verhandlungen mit den Ungläubigen bereit, welche
zu der kaiferlichen Herrlichkeit wenig paßten. Faft ebenfo fehr
wie die deutfchen Dinge befchäftigte den Kaifer ein wichtiger
Handel, in welchem er feit Jahren mit König Heinrich VIII.
von England verwickelt war. Ob er im Falle eines offenen
Konflikts mit den Proteftanten nicht eine Einmifchung Frankreichs

fürchten müsse, war sehr zweifelhaft. Wie immer, so drückten auf Karl auch jetzt die allermannigfaltigsten Sorgen.

Ueberdies bedurfte er aber der Zustimmung und Unterstützung der Stände, um gegen die protestantischen Fürsten vorzugehen. Das Einfachste wäre ja gewesen, den Kurfürsten von Sachsen und seine Genossen auf Grund des Wormser Mandats in die Acht zu erklären. Eigentlich hätte es dazu gar keines besonderen Beschlusses bedurft. Die Protestanten waren, streng genommen, als solche in der Acht. Wie aber hätte eine solche Maßregel zu den weltlichen Interessen der Stände gestimmt? Wir erinnern uns, wie im Jahre 1519 die Kurfürsten sich auch deswegen der Wahl Karls zugeneigt hatten, weil sie von ihm für ihre Selbstständigkeit weniger fürchten zu müssen glaubten, als von König Franz. Wie gewaltig aber hatten sich seitdem die Dinge verändert! Jetzt stand ihnen des Kaisers Macht als eine höchst furchtbare vor Augen. Und nun sollten sie ihm behilflich sein, einige der ersten Fürsten des Reiches niederzuwerfen, wodurch seine Autorität im Reiche die außerordentlichste Verstärkung erfahren haben würde?

Noch eine andere Erwägung mußte die katholischen Stände von einer solchen Politik abschrecken. Allerdings war ja die Zahl der Fürsten und Städte, welche sich offen zu dem neuen Glauben bekannten, noch eine geringe; aber fast in allen Gebieten des Reiches gab es unzählige Anhänger dieses Glaubens. Vielleicht nur ein größeres Land war jetzt ziemlich frei von ketzerischer Ansteckung, das der Herzöge von Baiern. Diese baierischen Herzöge aber standen König Ferdinand in ausgesprochener Feindseligkeit gegenüber, wirkten eben jetzt dem Plane des Kaisers, seinen Bruder von den Kurfürsten zum römischen König wählen zu lassen, mit allen Mitteln entgegen. Alle übrigen katholischen Fürsten hatten sich die Frage vorzulegen, wie es mit ihren Unterthanen werden würde, wenn es zum offenen Kampfe mit den Protestanten käme.

Gewiß, alle diese Bedenken würden sie nicht gehemmt haben, wenn sie wie die protestantischen Fürsten und Städte von der Ueberzeugung erfüllt gewesen wären, daß alle weltlichen Interessen zurück treten müßten, wo es sich um die Religion handle. Wie aber hätten die deutschen Katholiken zu einer so selbstlosen Aufopferung für ihre Kirche in einer Zeit kommen sollen, wo Papst und Kardinäle in all ihrem Thun nur durch weltliche Interessen bestimmt wurden, wo die lebende Generation nie etwas anderes gesehen hatte, als Preisgebung und Ausbeutung der Kirche, eine Ausbeutung, unter welcher die deutschen Katholiken so lange so schwer gelitten hatten, gegen welche sie eben jetzt noch einmal ihre Beschwerden erhoben. Allerdings haben wir ja gesehen, daß die katholischen Stände auf dem Speierer Reichstage von 1529 eifriger und entschlossener der Ketzerei entgegen traten, als je zuvor. Aber dieser Eifer hatte sich doch mit einer Duldung des einmal vollendeten Abfalles von der alte Kirche abgefunden. Jetzt, wo es sich um die Frage handelte, ob die katholischen Stände dem Kaiser die Hand bieten wollten, um die Abgefallenen mit Gewalt in den Schoß der römischen Kirche zurück zu führen, jetzt wurde klar, daß die katholischen Stände nicht bereit waren, unter Umständen für ihren Glauben schwere Opfer zu bringen. Umsoweniger als ja auch der Kaiser keineswegs mit der Macht begeisternder Entschlossenheit unter sie trat. Auch er prüfte ja, wie sich der Kampf für den Glauben mit seinen sonstigen Interessen vertragen würde. Indem so Beide, Kaiser und Stände, Vorteile und Nachteile eines Kampfes wider die Protestanten abwogen, kamen sie dahin, dasselbe zu thun, was das Reich seit 1521 jedes Mal gethan hatte: die Entscheidung wurde hinaus geschoben.

Damit war der deutsche Protestantismus zum zweiten Male gerettet. Die feindlichen Gewalten hatten die letzte günstige Stunde zu seiner Vernichtung versäumt, den Augenblick nämlich, wo seine an sich noch schwachen Kräfte durch den Gegensatz zwischen Wittenberg und Zürich scharf getrennt waren. Die Augsburger Verhandlungen und der mit sehr großer Schärfe gegen die Protestanten gerichtete Reichsabschied vermochten endlich auch auf der Seite der Lutheraner die Einsicht zu wecken, daß der Triumph Roms unvermeidlich sei, wenn nicht Alle, welche sich zum Evangelium bekannten, einen festen Bund zur Verteidigung desselben schlössen. Die Anhänger Luthers waren nach Augsburg wenigstens teilweise mit der Hoffnung gekommen, es werde sich eine Verständigung mit dem Kaiser gewinnen lassen, wenn sie sich nur von denen fern hielten, welche der Auffassung Zwingli's zuneigten. In dem Augenblicke, wo sich diese Hoffnung als eine irrige erwies, begann die Neigung stärker zu werden, eine Ausgleichung mit den Anhängern Zwingli's zuzulassen. Indem sich der theologische Hauptvertreter dieser oberdeutschen Richtung, Martin Bucer, zu Luther begab und eine freundliche Annäherung gewann, wurde die Bahn für eine protestantische Politik geöffnet, von deren konsequenter Verfolgung zunächst die Rettung und dann die Ausbreitung der jungen Kirche zu einem erheblichen Teile abhing. Karl V. erwarb sich in diesem Augenblicke um den deutschen Protestantismus das große Verdienst, durch seine drohende Haltung die theologischen Differenzen unter den Protestanten zurück zu drängen, das Bewußtsein der großen Gemeinsamkeit in ihnen zu stärken. Es kostete zwar auch jetzt noch viele Mühe, das protestantische Bündnis wirklich so aufzurichten, daß es nicht nur den Norden, sondern auch den Süden umfaßte, daß die vielfach aus einander gehenden Interessen der Fürsten und Städte eine billige Ausgleichung fanden. Aber was im Dezember 1530 in Schmalkalden als Ziel hingestellt worden war, das wurde im April 1532 in Schweinfurt zu glücklichem Abschlusse gebracht. Der Schmalkaldische Bund stand endlich als ein zuverlässiges Bollwerk des deutschen Protestantismus da.

Unmöglich konnte der Kaiser jetzt noch daran denken zu thun, was ihm schon in Augsburg zu schwierig erschienen war, zumal sich in der Zwischenzeit die allgemeine Weltlage für ihn sehr ungünstig verändert hatte, und namentlich die Abwehr des Türken das einmütige Zusammenstehn des Reichs notwendig machte So wurde dann endlich im Sommer 1532 den Protestanten ein Friede bewilligt, dessen sie sich bis zum Zusammentritt des Konzils erfreuen sollten. Freilich ein auch abgesehen von dieser zeitlichen Beschränkung sehr ungenügender und unzuverlässiger Friede, mehr ein Waffenstillstand als ein Friede. Denn er wurde nur denjenigen Ständen zugesagt, welche sich jetzt bereits zur Augsburgischen Konfession bekannten; auch sie erhielten vor den Verfolgungen des Kammergerichts nur zweifelhafte Sicherheit Im Prinzip hielt der Kaiser an dem fest, was er vor drei Jahren in Speier verfügt hatte, nur daß er jetzt nicht mehr in der Lage war, dem weiteren Abfall von der alten Kirche so direkt und kategorisch entgegen zu treten, wie er das damals gethan hatte.

Wirkliche Sicherheit hatten die Protestanten also auch jetzt noch keineswegs erlangt; sie mußten fortwährend auf der Hut sein, ihre Kräfte fest geschlossen halten; denn jede Wendung der europäischen Politik konnte den Kaiser in die Lage bringen, sich gegen sie zu wenden. Aber nichts destoweniger hatte schon der Ausgang des Augsburger Reichstags der neuen Lehre einen wesentlichen Vorteil gebracht. Seit Jahren waren alle Blicke ängstlich auf den Moment gerichtet gewesen, wo die längst angekündigte Rückkehr des Kaisers ins Reich wirklich Statt finden werde. Nun war der Kaiser erschienen. Er hatte auf dem Reichstage alles aufgeboten, um die Abgefallenen zur Unterwerfung zu nötigen, und es war ihm nicht gelungen. Wenn auch noch so schwer bedroht, waren es doch die Protestanten, welche Augsburg als Sieger verließen. Des Kaisers und der katholischen Stände weit überlegene Macht war an ihrem unbeugsamen Muthe gescheitert. Es konnte nicht anders sein, als daß diese Erfahrung an vielen Orten die Protestanten ermutigte, sich offen zu jener tapferen Schaar zu gesellen. Die Bewegung, welche eine Weile gestockt hatte, gewann neue Kraft, und diese Kraft wuchs besonders, seitdem auf der einen Seite der Schmalkaldische Bund einen zuverlässigen Schutz bot, auf der andern der Kaiser sich genötigt sah, einen wenn auch noch so verklausulierten Frieden zu gewähren.

So könnte es scheinen, als ob des Kaisers Weltmacht an der inneren Kraft des deutschen Protestantismus gescheitert sei, ohne demselben mehr als vorübergehende Schwierigkeiten bereiten zu können. Dabei würden denn aber doch sehr wesentliche Züge der deutschen Entwicklung übersehen. Entsprach das, was die Reformation im Jahre 1532 erreicht hatte, auch nur von ferne den großartigen Aussichten, welche sich ihr eröffnet hatten, ehe der Kaiser mit seinem Verbot in die natürliche Entwicklung der deutschen Geisteswelt eingriff? Freilich war das Wormser Mandat niemals voll zur Ausführung gekommen; hatte es aber deshalb überhaupt keinen Einfluß geübt? Lag nicht schon darin eine verhängnisvolle Schädigung, daß Luthers Lehre, welche sich die Herzen des deutschen Volkes mit unwiderstehlicher Macht erobert hatte, durch den Kaiser in die Lage versetzt wurde, nur im Widerspruch mit dem formellen Reichsgesetz sich behaupten zu können? Es hat ja wenig Wert sich auszumalen, ein wie unendlicher Segen die Reformation auch für das politische Leben unseres Volkes unmittelbar, sofort hätte werden können, wenn das Oberhaupt des Reichs die ungeheure in ihr liegende Kraft benutzt hätte, um den überwuchernden Partikularismus der Stände zu beugen, wenn der Kaiser im Bunde mit ihr den Deutschen einen festgefügten Staat aufgerichtet hätte, eine wirkliche monarchische Ordnung, wie sie Franzosen und Spaniern zu Teil geworden. Denn es ist nicht ganz leicht, sich einen Kaiser zu denken, welcher diesen Weg eingeschlagen haben würde bei der starken Verschlingung, in welcher die kaiserliche Gewalt nun einmal mit Rom stand. Aber das liegt doch auf der Hand, daß Karls V. Politik das deutsche Volk in eine Bahn gezwungen hat, welche nicht nur für seine politische Entwicklung, sondern auch für sein religiöses Leben sehr bedauerliche Folgen herbeiführte. Die Reichsgewalt wurde in diesem für Jahrhunderte entscheidenden Momente niemals nach den Bedürfnissen der deutschen Nation, sondern immer nach den Bedürfnissen einer fremden Politik gehandhabt. Für den Kaiser konnte nach seiner ganzen Stellung das deutsche Interesse niemals maßgebend sein: ihm galt das Reich nur als ein Mittel für die Förderung seiner Weltpolitik, oder als ein Objekt, das er nach den Anforderungen dieser Politik behandelte. Daraus ergab sich mit zwingender Notwendigkeit, daß die Nation dem Reiche, welches längst für sie die Bedeutung einer beherrschenden und wohlthätigen Macht verloren hatte, jetzt vollends den Rücken kehrte. Vor Allem aber mußte der Protestantismus der ihm feindlichen Reichsgewalt entgegen wirken, wo er nur konnte, dem schon zu so bedenklicher Macht aufgewachsenen Partikularismus eine unendliche Stärkung verleihen, da er sich genötigt sah, die Pflege des religiösen

Lebens und damit aller höchsten Geistesinteressen der Nation unter die schützende Obhut der einzelnen Stände zu stellen.

Aber diese schädlichen Einwirkungen der kaiserlichen Fremdherrschaft gingen noch weiter. Wer den Gang der Dinge mit der scharfen politischen Witterung des Landgrafen Philipp oder Zwingli's verfolgte, für den konnte es keinem Zweifel unterliegen, daß die Gefahr des deutschen Protestantismus nicht hauptsächlich darin bestand, daß er die Reichsgewalt gegen sich hatte, sondern darin, daß ihm die Weltmacht des Kaisers gegenüber stand. Nicht als deutscher Kaiser, sondern als König von Spanien und Neapel, als Herr Mailands und der Niederlande bedrohte Karl V. die Protestanten. Wenn sie sich gegen diese fremden Machtmittel des Kaisers schützen wollten, so mußten sie den fremden Gegnern desselben die Hand bieten. Das Schicksal des deutschen Protestantismus wurde ganz wesentlich vom Gange der Weltpolitik bestimmt. Daß er die schwere Krisis des Jahres 1525 überstand, daß der Kaiser neun Jahre lang gehindert wurde, mit dem vollen Nachdruck seiner persönlichen Autorität gegen ihn einzuschreiten, das verdankte er den europäischen Gegnern des Kaisers, vor allem der Feindschaft des Königs Franz. Es lag hier eine Gemeinsamkeit der Interessen vor, welche die deutschen Protestanten unwiderstehlich nötigte, sich bis zu einem gewissen Grade auf Frankreich zu stützen.

Nun war es ja freilich keineswegs unerhört, daß deutsche Stände für ihre Sonderinteressen die Hilfe des Auslands suchten; lange ehe die deutschen Protestanten dazu kamen, gewisse Beziehungen mit Frankreich anzuknüpfen, waren die Herzöge von Baiern in eine enge Gemeinschaft mit König Franz getreten. Aber es bedeutete doch für das deutsche Leben etwas ganz anderes, ob dieser oder jener einzelne Stand, oder ob derjenige Teil der Nation, welcher ihre beste Kraft darstellte, sich zu solchen unter allen Umständen höchst bedenklichen Beziehungen zum Auslande genötigt sah. Freilich kam es ja nie so weit, daß die deutschen Protestanten, oder auch nur der Schmalkaldische Bund als solcher mit Frankreich ein förmliches Bündnis schloß; es waren immer nur einzelne protestantische Fürsten und Städte, welche ein freundschaftliches Verhältnis zu König Franz pflegten. Aber die traurige Thatsache blieb nichtsdestoweniger bestehn, daß für den deutschen Protestantismus unendlich viel davon abhing, im Gegensatze Frankreichs zum Kaiser die Bürgschaft zu besitzen, daß dieser nicht so gegen ihn auftreten konnte, wie es seine Interessen und Ueberzeugungen forderten. Ja man muß sagen: hätten die Leiter des Schmalkaldischen Bundes die Verhältnisse erkannt, wie sie wirklich lagen, hätten sich nicht Einige von ihnen immer wieder den seltsamsten Illusionen über die freundlichen Gesinnungen des Kaisers hingegeben, der nur durch den bösen Einfluß seiner geistlichen Umgebung irre geleitet werde, so hätte der Bund nach einer festen Verbindung mit Frankreich streben müssen.

Das waren denn doch nun in der That höchst beklagenswerte Folgen der abnormen Stellung der kaiserlichen Gewalt. Die religiöse Bewegung, welche Anfangs die besten Aussichten hatte, die gesamte Nation zu ergreifen und ihre auseinanderstrebenden Elemente fest zusammen zu binden, sie sah sich darauf beschränkt, nur bei einem Teile des Volkes zu fester kirchlicher Organisation zu gelangen. Ihr blieb keine Wahl, als bei dem ständischen Partikularismus eine Stütze zu suchen gegen die feindliche Reichsgewalt; ja sie wurde sogar zu einer Anlehnung an das Ausland genötigt. Wenn mit allen diesen Dingen eine bedenkliche Verkümmerung des nationalen Lebens gegeben war, so mußte unter dieser Verkümmerung auch die junge Kirche in hohem Grade leiden. Denn wenn die römische Kirche ihrem innersten Charakter nach Weltkirche war, vom Gedeihen der einzelnen Völker unabhängig und gegen dasselbe gleichgültig, so trug ja der Protestantismus von Anfang an das stärkste nationale Gepräge. Aus der Tiefe des deutschen Gemüts entsprungen, konnte er zu vollem Gedeihen nur kommen, wenn das deutsche Wesen sich nach allen Seiten glücklich entfaltete. Die Verkümmerung der deutschen Volkskraft konnte nicht anders als zu einer Verkümmerung des Protestantismus führen.

Allerdings traten diese üblen Wirkungen der kaiserlichen Politik zunächst nicht in ihrem vollen Umfange hervor. Vielmehr nahm der deutsche Protestantismus in den dreißiger Jahren einen höchst bedeutsamen und hoffnungsvollen Aufschwung. Trotz aller Hemmungen breitete er sich immer weiter über das deutsche

Land aus. Einige seiner eifrigsten Gegner unter den Fürsten starben hinweg und ihre Nachfolger traten der jungen Kirche bei. Eine Stadt nach der andern warf die Bedenken ab, welche ihre Obrigkeit lange vom Anschlusse zurückgehalten hatte. Der Schmalkaldische Bund bewährte sich besser, als man nach der egoistischen Gewöhnung der deutschen Stände hatte erwarten dürfen, als eine höchst wohlthätige Einrichtung. Seine Glieder gewannen in ihm nicht nur Schutz, sie lernten auch ihre besonderen Interessen einer großen gemeinsamen Aufgabe unterzuordnen. Eine Reihe vortrefflicher Männer fanden in dieser Gemeinschaft ein Feld edlen Wirkens, welches ihnen das Reich nicht mehr bot. Der Protestantismus bewies, daß er nicht nur in der tiefen Innerlichkeit des Glaubens, sondern in der Durchdringung des gesamten Lebens herrliches zu wirken vermöge. Während die Politik jener Zeit fast ohne Ausnahme eine Schule des schlimmsten Eigennutzes war, nehmen wir unter den Staatsmännern des Schmalkaldischen Bundes Persönlichkeiten wahr, an denen es offenbar wurde, daß das Wirken in öffentlichen Verhältnissen vom reinsten Adel der Gesinnung getragen sein kann. Das deutsche Bürgertum erprobte für lange Zeit zum letzten Male seine volle patriotische Tüchtigkeit. Was sie im Reich niemals hatten finden können, der Schmalkaldische Bund bot den deutschen Reichsstädten die Möglichkeit, neben den Fürsten zu einer höchst bedeutsamen Wirksamkeit für große nationale Aufgaben zu gelangen.

Und während so der deutsche Protestantismus unaufhaltsam das nationale Leben mit seinen Segnungen erfüllte, breitete er sich nach allen Seiten über die deutschen Grenzen aus. Der skandinavische Norden wurde ihm vollständig gewonnen. In der Schweiz drang er aus den deutschen in die romanischen Landschaften vor. In den Niederlanden konnte die härteste Verfolgung, nachdem sie ihn in den zwanziger Jahren fast erstickt hatte, sein kräftiges Wiederaufleben nicht hindern. In Frankreich gewannen protestantische Ideen zahlreiche Anhänger. Selbst Italien wurde von der Bewegung berührt. Und demselben englischen Könige, welcher sich Anfangs Luther mit dem persönlichsten Eifer entgegengestellt hatte, war es beschieden, sein Volk, freilich aus den unlautersten Beweggründen, von Rom loszureißen. Die germanische Welt war jetzt ganz überwiegend im Gegensatz gegen Rom geeinigt, das selbst seine Herrschaft über die romanischen Völker bedroht sah.

Unter diesen Umständen ließ sich in der That nicht erwarten, daß der Kaiser noch einmal in die Lage kommen werde, das im Jahre 1530 versäumte nachzuholen. Und dennoch sollte es ihm vergönnt werden, den deutschen Protestantismus mit den Waffen niederzuwerfen, ihm einen sehr folgenreichen Schlag zu versetzen. Im Völkerleben tritt das Unglück niemals ohne Schuld ein. Auch der deutsche Protestantismus konnte von der stolzen Stellung, welche er im Beginn der vierziger Jahre errungen hatte, nur durch eigene Schuld herabgestürzt worden. Auf der andern Seite verdiente der Kaiser den größten Erfolg seines Lebens dadurch, daß er mit bewunderungswürdiger Klugheit die katholischen Kräfte sammelte, die feindlichen Reihen lockerte, auf Unerreichbares verzichtete.

Im Herbst 1532 hatte der Kaiser das Reich wieder verlassen, um über Italien nach Spanien zurückzukehren, und es dauerte fast wiederum neun Jahre, bis es ihm möglich wurde, persönlich in die deutschen Angelegenheiten einzugreifen. Erneute Kämpfe mit Frankreich und den Ungläubigen hatten seine Gedanken und Kräfte so lange in Anspruch genommen. Als er sich endlich wieder dem Norden zuwenden konnte, hatte der Protestantismus eine Macht in Europa gewonnen, welche dem Kaiser nicht erlaubte an gewaltsame Bezwingung zu denken. Vielmehr sollte jetzt eine friedliche Verständigung versucht werden. Die Religionsgespräche von Worms und Regensburg zeigten auf beiden Seiten eine große Neigung zur Nachgiebigkeit, welche dann aber schließlich doch an unüberwindlichen Gegensätzen scheiterte. Jedenfalls schien die Gesinnung des Kaisers eine höchst erfreuliche Aenderung erfahren zu haben. Die deutschen Protestanten schienen der Zukunft beruhigt entgegensehen zu können.

Eben damals geschah es, daß das thätigste Haupt des Schmalkaldischen Bundes, der noch immer junge Landgraf Philipp von Hessen, er, der bisher immer am schärfsten die politischen Notwendigkeiten der Lage erkannt und unermüdlich daran gearbeitet hatte, die protestantischen Kräfte zusammenzuhalten und ihnen im Westen und Norden eine zuverlässige Anlehnung zu verschaffen, daß gerade dieser Fürst sich dem Kaiser gegenüber in Fesseln schlug. In einer höchst seltsamen Mischung sinnlicher Schwäche und religiöser Bedenklichkeit war er in eine Doppelehe getreten. Da der gewissenhafte Kurfürst Johann Friedrich von Sachsen es ablehnte, den Schmalkaldischen Bund auch dann für den Landgrafen eintreten zu lassen, wenn derselbe wegen dieses Verstoßes gegen das Gesetz vom Kaiser zur Rechenschaft gezogen werden sollte, meinte der Landgraf sich nur durch einen Vertrag mit dem Kaiser sichern zu können. Im Juni 1541 übernahm er die Verpflichtung, weder für seine Person ein Bündnis mit dem Könige von Frankreich oder andern auswärtigen Fürsten zu schließen, noch zuzulassen, daß dieselben in den Schmalkaldischen Bund aufgenommen würden. Auch der Herzog von Cleve, welcher sich eben der evangelischen Kirche zugewendet hatte, sollte dem Bunde fern bleiben müssen.

Dieser Pakt des Landgrafen mit dem Kaiser trug die schlimmsten Früchte, wie er aus arger Wurzel hervorgegangen war. Kurz zuvor hatte König Franz die Absicht gefaßt, mit dem Schmalkaldischen Bunde ein festes Verhältnis zu suchen. Bis dahin war der Landgraf der hauptsächliche Träger der Beziehungen zu Frankreich gewesen: jetzt mußte er König Franz zurückweisen. Bald darauf brach der Krieg zwischen den unversöhnlichen Rivalen von neuem aus. Frankreich rüstete sich mit größerem Ernste als je. Mit den Türken, mit den Königen von Dänemark und Schweden und dem Herzoge von Cleve hatte es Bündnis geschlossen. Was wäre aus dem Kaiser geworden, wenn jetzt auch der Schmalkaldische Bund gegen ihn aufgetreten wäre, die günstige Gelegenheit benutzt hätte, um der evangelischen Kirche volle Sicherheit des Bestehens und Wachsens zu erringen? Davon konnte nun aber gar keine Rede sein. Der Kurfürst von Sachsen beantragte die Aufnahme des Herzogs von Cleve, seines Schwagers, in den Bund; die Könige von Dänemark und Schweden wünschten nahe Verbindung mit demselben: das Alles mußte der Landgraf zurückweisen. Im Sommer 1543 rückte der Kaiser zum ersten Male gegen einen deutschen protestantischen Fürsten ins Feld, gegen den Herzog von Cleve. Der Schmalkaldische Bund rührte keine Hand. Der Herzog erlag in kürzester Zeit. Die Schmalkaldener hatten sich wegen verschiedener Zwistigkeiten, welche zwischen dem Kaiser und Papst Paul III. ausgebrochen waren, eingebildet, für ihre Religion sei jetzt vom Kaiser nichts zu fürchten; statt dessen nötigte er den Herzog von Cleve zur Herstellung des Katholizismus.

Und trotz dieser unzweideutigen Erfahrung konnte es dem Kaiser wenige Monate nachher auf dem Reichstage in Speier gelingen, die Häupter des Schmalkaldischen Bundes mit blinder Zuversicht in seine freundschaftlichen Gesinnungen zu erfüllen. Allerdings machte er ihnen jetzt Zugeständnisse, gab ihnen Verheißungen, welche vom größten Werte sein mußten, wenn sie in Erfüllung gingen. Wo aber gab es eine Bürgschaft dieser Erfüllung? Für den Kaiser lag Alles daran, zwischen den deutschen Protestanten und Frankreich eine Kluft zu graben, welche es ihnen in Zukunft unmöglich mache, sich aufeinander zu stützen. Durch den Vertrag mit dem Landgrafen hatte er es verhindert, daß der Schmalkaldische Bund in ein festes Verhältnis mit Frankreich trete. Jetzt kam es darauf an, die Schmalkaldener zur offenen Feindseligkeit gegen Frankreich zu bestimmen, das deutsche Reich in seinen Kampf mit Frankreich hinein zu ziehen. Konnte es für das ehrliche deutsche Gemüt eine befriedigendere Beilegung der langen inneren Wirren geben, als wenn sich der Kaiser bereit zeigte, der evangelischen Kirche wirkliche Duldung zu gewähren, und dafür dann alle deutschen Kräfte unter kaiserlicher Fahne gegen den Verbündeten des Türken ins Feld zogen? Konnte man sich erfreulicheres denken, als daß endlich die religiösen und die nationalen Interessen Hand in Hand gingen? Es war trotzdem ein verhängnisvoller Irrtum, als sich die Schmalkaldener durch diese verlockende Aussicht bestimmen ließen, dem Kaiser ihren Beistand gegen diejenige Macht zu leihen, ohne deren Gegensatz gegen den Kaiser sie diesem längst erlegen sein würden.

Karl hatte aber nicht nur die deutschen Protestanten, er hatte auch den König von England (mit dem er doch lange in ebenso unversöhnlicher Feindschaft zu stehen schien) für den Krieg gegen Frankreich gewonnen, den König von Dänemark aus dem französischen Bündnisse gelöst. So konnte er denn im Sommer 1544 seine siegreichen Scharen tief in Frankreich hinein führen, bis in die Nähe von Paris vordringen. Da hielt er inne. Er dachte nicht mehr wie früher daran, dem französischen Könige Bedingungen aufzuerlegen, welche seine Großmachtstellung vernichtet haben würden und auf die jener deshalb niemals eingehen konnte. Es kam ihm vielmehr jetzt darauf an, eine Aussöhnung mit Frankreich herbeizuführen, Frankreich an das katholische Interesse zu binden, den Ketzern ein für alle Mal seine Stütze zu entziehen. Das wurde im Herbst 1544 durch den Frieden von Crespy erreicht. König Franz verpflichtete sich, niemals den deutschen Protestanten Beistand zu gewähren.

In Speier hatte es geheißen, der Krieg gegen den Franzosenkönig gelte dem Verbündeten des Türken. Nachdem mit Hilfe der Protestanten König Franz zu einem gegen sie gerichteten Frieden war genötigt worden, kehrte der Kaiser gegen den Türken nicht etwa seine Waffen, sondern trat mit ihm in freundschaftliche Verhandlungen, um sich von Osten her ebenso zu decken, wie es ihm von Westen gelungen war. Wenn Niemand in der Welt seinen Arm hemmte, wenn er alle seine Kräfte gegen die deutschen Protestanten vereinigen konnte, dann durfte er im Reiche eine Wendung herbeizuführen hoffen. Es war aber für ihn eine politische Notwendigkeit geworden, dem nach allen Seiten unaufhaltsam vordringenden Evangelium mit den Waffen halt zu gebieten. Der ganze Norden des Reichs war jetzt bis auf unbedeutende Enklaven der Lehre Luthers gewonnen. Im Süden hingen ihr die sämmtlichen Reichsstädte, soweit sie Bedeutung hatten, der Herzog von Württemberg und eine Anzahl kleinerer Fürsten an; der Pfalzgraf trat ihr immer näher; die baierischen und österreichischen Gebiete wurden abermals von ihr ergriffen. Von entscheidender Bedeutung wurde aber für den Kaiser, daß einer der geistlichen Kurfürsten, der Erzbischof von Köln, in die evangelische Gemeinschaft eintrat. Konnte sich dieser Kirchenfürst trotz dem Abfall von Rom behaupten, so war vorauszusehen, daß im Kurfürstenkollegium die Protestanten die Mehrheit gewännen und daß zugleich das Beispiel des Kölners andere geistliche Fürsten verleite. Dann herrschten die Protestanten im Reiche. Was eine solche Wendung für das Haus Oesterreich bedeutet haben würde, lag auf der Hand. Aber auch abgesehen von diesen immerhin noch in einer gewissen Ferne liegenden Gefahren bedrohte der Abfall Kölns ein anderes Lebensinteresse des Kaisers. Wie schon erwähnt, hatte die protestantische Bewegung trotz Allem, was der Kaiser dagegen that, auch die Niederlande von neuem ergriffen. Daß ihm dieses sein Geburtsland, dieses reichste all seiner Gebiete, die finanzielle Hauptstütze seiner Politik durch die Ketzerei entfremdet werde, mußte er um jeden Preis hindern, konnte es aber nur schwer hindern, wenn in dem benachbarten Kurfürstentum Köln der Abfall von Rom triumphierte.

Auf dem Augsburger Reichstage hatten den Kaiser politische Bedenken abgehalten, seiner religiösen Ueberzeugung gemäß gegen die Protestanten zu den Waffen zu greifen: jetzt trieben ihn die stärksten politischen Gründe, für seinen katholischen Glauben das Schwert zu ziehen. Es handelte sich um die Behauptung seines Hauses im Reiche, um die Sicherung der Niederlande. Er sah das Fundament seiner kaiserlichen Machtstellung bedroht von der verdammten lutherischen Sekte; wie hätte da nicht der alte Groll in ihm erwachen sollen? Aber in diesem vielgeprüften Herrscher, der nun schon fast dreißig Jahre die ungeheure Last einer von endlosen Schwierigkeiten bedrängten Weltpolitik getragen hatte, waltete nur die umsichtigste Erwägung aller Verhältnisse, und diese Erwägung ergab auch jetzt das Resultat, daß ein Kampf mit den deutschen Protestanten ein sehr gewagtes Unternehmen sein werde. Allerdings hatte er ihnen ja jetzt in Europa jeden Rückhalt entzogen, sie auf allen Seiten vollständig isoliert. Er konnte jetzt seine ganze Weltmacht gegen sie ins Feld führen. Wie aber sollten diese weit zerstreuten Kräfte auf dem deutschen Kriegsschauplatze gesammelt und die Geldmittel für einen so schwierigen Kampf aufgebracht werden? Es mußte im besten Falle eine sehr harte Arbeit werden, wenn er es mit der Gesamtheit der deutschen Protestanten zu thun bekam.

Der Kaiser hat doch sehr lange geschwankt, ob er diesen deutschen Krieg wagen solle, das Für und Wider unzählige Mal geprüft. Auch nachdem er sich mit dem Papste in der Hauptsache verständigt und von ihm die Zusicherung einer beträchtlichen Streitmacht und sehr reicher kirchlicher Mittel für die Kriegskosten erhalten hatte, war die Sache noch keineswegs entschieden. Sein Bruder Ferdinand, seine Schwester, die Königin Marie von Ungarn, welche für ihn die Niederlande regierte, waren voll ernster Bedenken, seine vertrautesten Ratgeber geteilter Ansicht. Aber endlich blieb doch nichts Anderes übrig. Mit unendlicher Vorsicht wurde Alles schon vorbereitet, ehe die letzte Entscheidung getroffen war. Die Protestanten mußten so lange als möglich in Unsicherheit oder gar in gutem Glauben erhalten werden. Vor allen Dingen durfte die Religion in gar keiner Weise als bedroht erscheinen. Der Kaiser hoffte leichtes Spiel zu bekommen, indem er Zwietracht in die Reihe der Protestanten werfe. Er kannte genau die Schwierigkeiten, welche in den letzten Jahren in dem Schmalkaldischen Bunde zwischen Fürsten und Städten hervorgetreten waren. Und dieser Bund umfaßte ja keineswegs die Gesamtheit der deutschen Protestanten. Der junge Herzog Moritz von Sachsen, der Kurfürst von Brandenburg, das mächtige Nürnberg und manche Andere waren ihm fremd geblieben. Alle diese mußten mit der Meinung erfüllt werden, daß ihr Glaube garnicht bedroht sei. Dem bewunderungswürdigen Geschick des Kaisers gelang nicht nur das, sondern er erreichte, daß jener Moritz und einige andere protestantische Fürsten mit ihm gegen ihre Glaubensgenossen gemeinsame Sache machten, ohne daß diese davon erfuhren. Und während er so die protestantischen Kräfte zerriß, wußte er die katholischen fest zu einigen. Seit zwanzig Jahren war er auf das empfindlichste dadurch behindert worden, daß die gut katholischen Herzöge von Baiern politisch mit den Protestanten zusammenhielten: jetzt wurden sie gewonnen, aber so, daß die Gegner auch darüber im Unklaren blieben.

Endlich, Anfang Juni 1546, nachdem das Bündnis mit dem Papste unterzeichnet, die Verträge mit den Herzögen von Sachsen und Baiern geschlossen, die Befehle zur eiligsten Werbung an die verschiedenen Hauptleute erlassen waren, ließ der Kaiser die Maske fallen. Bis zu diesem Augenblicke hatte er die Meinung zu unterhalten gewußt, daß er an Krieg nicht denke. Jetzt verkündigte er, daß er genötigt sei zu den Waffen zu greifen, um die rebellische Halsstarrigkeit einiger Fürsten, des Kurfürsten von Sachsen und des Landgrafen von Hessen, der beiden Hauptleute des Schmalkaldischen Bundes, zu züchtigen. An alle übrigen Protestanten ergingen die freundlichsten Schreiben, sie sollten der böswilligen Ausstreuung keinen Glauben schenken, als habe er etwas gegen die Religion vor. Ganz besonders hoffte er, die Reichsstädte, die Grafen und Herren von den bedrohten Fürsten zu trennen.

Es war Alles mit der größten Umsicht eingefädelt worden und dennoch sah sich der Kaiser empfindlich getäuscht. Die Genossen des Schmalkaldischen Bundes durchschauten seine List und scharten sich mit überraschender Einmütigkeit und Entschlossenheit um ihre Häupter. In Kurzem stand ein mächtiges protestantisches Heer im Felde, während der Kaiser mit einem geringen Häuflein in Regensburg saß. Die Massen seiner Streitkräfte mußten aus weiter Ferne kommen, aus Italien, Ungarn und den Niederlanden heranziehen; bis sie sich an der Donau sammeln konnten, besaßen die Gegner eine erdrückende Uebermacht, welche sie nur rasch und entschlossen zu benutzen brauchten, um den Kaiser in die schlimmste Not zu versetzen.

Da zeigte sich die Schwäche dieses protestantischen Bundes. In der Verteidigung seines Glaubens, welche er sechszehn Jahre lang geführt hatte, waren die mannigfaltigen Gegensätze, die in seiner Mitte lebten, zuletzt immer glücklich überwunden worden. Auch jetzt stand er ja in der Verteidigung. Aber sie forderte kühnen Angriff und dazu war dieses vielköpfige Wesen außer Stande. Gegen Alles, was den Erfolg hätte sichern können, gab es Bedenken. Hier meinte man den König Ferdinand, da den Herzog von Baiern schonen zu müssen. Auch als die beiden Bundeshauptleute im Kriegslager erschienen waren, wurde es nicht besser. Denn diese beiden Herren waren in Allem so verschieden als möglich: der Eine, der Kurfürst, von unendlicher Schwerfälligkeit und Bedenklichkeit, der Andere, der Landgraf, oft nur zu rasch. Einst bei der Begründung des Bundes war der Vorschlag gemacht worden, die Leitung in eine Hand zu legen, in die des Landgrafen. Aber man hatte sich kaum ernst damit beschäftigt; es verstand sich gewissermaßen von selbst, daß der Kurfürst von Sachsen an der Führung Teil haben müsse. So hatte nun der Bund die ganze Zeit gelebt; wie hätte man jetzt etwas daran ändern können?

Mit diesem zwieträchtigen Kommando allein war die Sache so gut wie entschieden, zumal im kaiserlichen Lager alle Kräfte mit bewunderungswürdiger Energie auf dasselbe Ziel gerichtet wurden. Hier gab es keine hemmenden Beratungen, kein unsicheres Hin und Her der Entschlüsse: der Kaiser allein entschied, er allein führte. Seinem Willen war Alles unbedingt untergeordnet, und dieser Wille war nie fester, klarer, rascher gewesen. Er schien jetzt in der vollen Blüte seiner Kraft zu stehn. Der Klugheit der kriegerischen Anordnungen entsprach die persönliche Tapferkeit, mit welcher er in schwierigen Momenten die Seinen anfeuerte. Trotzdem zog sich dieser Schmalkaldische Krieg, auch nachdem es dem Kaiser in überraschender Weise gelungen war alle seine Streitkräfte zu vereinigen, lange unentschieden hin. Waren die Schmalkaldner nie dazu gekommen, die günstigsten Gelegenheiten zum Angriffe zu benutzen, so führten sie ihre Verteidigung mit großem Geschick und zäher Ausdauer. Nicht ein einziges Mal gelang es dem Kaiser ihnen im offenen Felde eine Schlappe beizubringen. Aber er schob sie mit klug ersonnenen Manövern immer weiter zurück, von Ingolstadt, wo sie zuerst ihre Kräfte mit einander gemessen hatten, bis in die Gegend von Ulm. Hier lagen sich dann die beiden Heere lange gegenüber. Alle Kriegslist des Kaisers scheiterte an der Wachsamkeit der Gegner und der Stärke ihrer Stellung. Und während sich so der Kampf aussichtslos hinschleppte, kam das böse Wetter des Herbstes und versetzte das kaiserliche Lager in äußerste Verlegenheit. Die Spanier und Italiener, welche des Kaisers Hauptmacht bildeten, litten von dem nordischen Klima furchtbar. Von allen Seiten wurde Karl bestürmt, Winterquartiere zu beziehen, er aber hielt unerschütterlich aus.

Da gab ein protestantischer Fürst die Entscheidung gegen seinen Glauben. Herzog Moritz fiel in das Land des Kurfürsten

von Sachsen ein und brachte rasch den größten Teil desselben in
seine Gewalt. Auch damit war jedoch nicht Alles verloren.
Das Schmalkaldische Heer brauchte nicht lange mehr in seinem
Lager auszuharren, so wurde der Kaiser doch wohl in die Not=
wendigkeit versetzt, abzuziehen. Aber seit Monaten schon herrschte
bei den Protestanten peinliche Geldnot. So erstaunlich es ist:
dieser Kaiser, welcher sein ganzes Leben hindurch am Bankerotte
gestanden hatte, wußte jetzt die Mittel für Fortführung des Krieges
zu beschaffen, die Schmalkaldener dagegen, welche über die Geldkräfte
der deutschen Reichsstädte verfügten, mußten ihr Heer auseinander=
gehen lassen, weil sie es nicht mehr bezahlen konnten. Man
muß sagen: die deutschen Städte, welche sich so große Verdienste
um die Reformation erworben hatten, beluden sich jetzt, so viel
an ihnen war, mit der Schuld, eine furchtbare Katastrophe
herbeizuführen. Mit dem zehnten Teile der Summen, welche sie
bald dem Kaiser zahlen mußten, hätten sie das Verderben ab=
wenden können.

Ende November ging das Bundesheer auseinander. In
wenigen Monaten war ganz Oberdeutschland dem Kaiser unter=
worfen. Jetzt standen die Hauptleute des Bundes allein, auch
sie von einander getrennt. Noch einmal lächelte dem Kurfürsten
von Sachsen das Glück, aber er wußte es nicht festzuhalten.
Bei Mühlberg wurde er der Gefangene des Kaisers, welcher
bald darauf auch den Landgrafen in seine Hand brachte. Ueber
alles Erwarten war ihm das schwierige Unternehmen gelungen.
Seine Knechte zogen triumphierend in Wittenberg ein.

---

Der Kaiser war jetzt Herr des Reiches in einem Umfange,
wie man es seit Jahrhunderten nicht gesehen hatte. Die prote=
stantische Opposition, in welche sich zuletzt Alles gesammelt hatte,
was den Kaiser hemmte, lag zerschmettert am Boden. Allerdings
hatte ja dieser glänzende Sieg nicht errungen werden können,
ohne die Unterstützung protestantischer Fürsten, und der Kaiser
hatte denselben Zusicherungen für ihren Glauben machen müssen,
welche eine volle Ausbeutung des Erfolges für den Katholizismus
erschwerten. Aber was wollte das heißen, wenn dem Kaiser keine

anderen Schwierigkeiten in den Weg getreten wären? Ließ er sich im mindesten durch die Vorstellungen des Kurfürsten Moritz beirren, als dieser ihn um die Freilassung des Landgrafen Philipp anging, für welche er das kaiserliche Wort so gut zu haben meinte, wie für die Achtung seines Glaubens? Bedeuteten überhaupt jetzt die Wünsche der deutschen Stände noch etwas, wo das fremde Kriegsvolk des Kaisers das Land in Schrecken hielt?

Auch in Europa lag Alles so günstig wie möglich. Einen Augenblick hatte es geschienen, als ob König Franz sich trotz Crespy anschicke, den gar zu bedrohlichen Siegeslauf des Kaisers aufzuhalten: da war der Tod dazwischen getreten. Der neue König Heinrich II. konnte so bald nicht daran denken, in die deutschen Angelegenheiten einzugreifen. Noch weniger gestatteten es die unsicheren Verhältnisse, welche schon vorher durch den Tod Heinrichs VIII. über England gekommen waren. Auch der Türke verhielt sich ruhig. Von keiner weltlichen Macht hatte der Kaiser in der nächsten Zeit etwas zu fürchten. Da geschah es, daß ihm abermals der Papst in den Weg trat.

In der römischen Kirche war seit der mächtigen Ausbreitung des Protestantismus über Europa Vieles anders geworden. Die ernsteren Geister, an denen es doch auch hier nicht fehlte, hatten sich gegen die leichtfertige Weltlust aufgelehnt und die kirchlichen Institutionen mit neuer Lebenskraft erfüllt. Um mit zwei Namen den gewaltigen Umschwung zu bezeichnen, welcher sich um das Jahr 1540 vollzog: Loyola gab der Kirche in der Gesellschaft Jesu eine Waffe, welche zur Verteidigung wie zum Angriff gleich geschickt war, und die Inquisition gesellte sich als furchtbares Rüstzeug hinzu. Alsbald wehte ein neuer Hauch des Glaubenseifers durch die katholische Welt und berührte auch diejenigen, welche sich am weitesten von allem religiösen Leben entfernt hatten. Aber was sich seit Generationen eingenistet hatte, konnte doch nicht so leicht ausgerottet werden. Zumal in der römischen Kurie waren die weltlichen Interessen eine viel zu starke Macht geworden, um alsbald von dem neuen katholischen Geiste überwunden zu werden. Der Nachfolger Clemens VII., Paul III., war wesentlich in den gleichen Anschauungen aufgewachsen wie Jener, nur daß die entsetzlichen Erfahrungen des Vorgängers zu noch größerer Vorsicht mahnten. Auch die Zeiten waren dem Farnesen günstiger als dem Medici, er konnte sich zwischen dem Kaiser und König Franz mit heiler Haut durchwinden. Aber die Macht Karls war auch ihm trotz den wachsenden Gefahren der Ketzerei fortwährend ein Gegenstand ängstlicher Beobachtung. Wenn er trotzdem im Frühling 1546 dem Kaiser gegen die deutschen Protestanten die Hand bot, so folgte er doch dem Verlaufe des deutschen Krieges mit sehr geteilten Empfindungen. Ja es währte nicht lange, so erregten die Siege des Kaisers in Rom Angst und Schrecken, die vereinzelten Erfolge der Protestanten Jubel. Mitten im glücklichsten Kriege gingen die Wege der Verbündeten scharf auseinander. Der Papst wollte nichts von der Bewilligung weiterer Mittel, der Kaiser nichts von der Erfüllung der Wünsche des Papstes für seinen Sohn Pierluigi wissen.

Am stärksten widersprachen sich die beiderseitigen Absichten in Betreff des endlich in Trient zusammengebrachten Konzils. Der Kaiser wünschte die Verhandlungen so zu leiten, daß den deutschen Protestanten der Eintritt in die Versammlung und die Unterwerfung unter die Beschlüsse derselben nicht geradezu unmöglich gemacht würde. Der Papst wollte von derartigen Rücksichten nichts hören. Er fürchtete vor Allem, daß der glückliche Verlauf des Schmalkaldischen Krieges dem Kaiser einen gar zu großen Einfluß auf das Konzil geben werde. Fast von Anfang an hatte er sich bemüht, die Versammlung von Trient in eine Stadt seines eigenen Gebiets zu verlegen. Obwohl der Kaiser dem immer entgegen gewesen war, wußte er es im März 1547 doch zu erreichen, daß das Konzil nach Bologna übersiedelte. Der Kaiser geriet darüber in ungewöhnliche Aufregung. Man hörte von ihm die stärksten Aeußerungen über den Papst, welchen er beschuldigte, derselbe habe ihn in diesen deutschen Krieg verwickelt, um ihn darin stecken zu lassen; er werde nie mehr für ihn etwas thun. Die Gegensätze verschärften sich immer mehr. Durch ganz Italien gab es Komplotte, welche die kaiserlichen Diener auf jenen Pierluigi, den Sohn des Papstes, zurückführten. Sie gewöhnten sich daran, in diesem Farnesen den gefährlichsten Gegner ihres Herrn zu sehen; sie verhandelten mit dem Kaiser über die gewaltsame Beseitigung desselben. Da gab es im September in Piacenza einen Aufstand, bei dem Pierluigi ermordet wurde. Der Zorn des Papstes hatte keine Grenzen. Wenn ihm der Kaiser, dem er den Mord Schuld gab, nicht volle Genugthuung gewähre, rief er, so werde er sich mit dem Teufel selbst verbinden! So seltsam kehrten, obwohl der Charakter der Zeit doch eine tiefe Veränderung erfahren hatte, fast die Situationen der zwanziger Jahre wieder: in dem Augenblicke, wo der Kaiser dem Katholizismus einen unvergleichlichen Dienst erwiesen hatte, stellte sich ihm der Papst entgegen. Im Januar 1548 ließ der Kaiser in der Versammlung zu Bologna einen Protest gegen das päpstliche Kirchenregiment verlesen, welcher an Schärfe hinter den Staatsschriften des Herbstes 1526 nicht zurückstand.

Bei diesem Zerwürfnisse mit dem Papste mußte der Kaiser die kirchlichen Angelegenheiten des Reiches zunächst auf eigene Hand ordnen. Er mußte den zu äußerster Schwäche heruntergebrachten Protestanten die Meinung zu erwecken, er beabsichtige eine für Katholiken und Protestanten gleichmäßig verbindliche vorläufige Glaubensnorm aufzustellen, welche den Protestanten zu Liebe die Priesterehe und das Abendmahl unter beiderlei Gestalt zuließ, einige scheinbare Konzessionen in dogmatischer Beziehung hinzufügte, im Ganzen aber die römische Tradition aufrecht erhielt. Die protestantischen Stände unterwarfen sich dem Gebot des Kaisers in der Hoffnung, daß ihre Glaubensgenossen in katholischen Gebieten dadurch wenigstens eine gewisse Erleichterung gewinnen würden. Aber die katholischen Stände wiesen diesen neuen Glauben, den man das Interim nannte, beharrlich zurück; der Papst erklärte dasselbe natürlich für durchaus unzulässig. Nichtsdestoweniger wurde es im Mai 1548 vom Kaiser verkündigt. Die Protestanten mußten es über sich ergehen lassen. Ihre alten Häupter lagen in der Gefangenschaft des Kaisers; die Fürsten, welche jetzt unter ihnen die mächtigsten waren, mußten zu diplomatisieren, oder waren durch den Schrecken der eben erlittenen Niederlage gelähmt; die Kraft der Reichsstädte war gebrochen, oder wurde jetzt vom Kaiser gebrochen. Er hatte seine Spanier bei der Hand, um die deutschen Bürger Gehorsam zu lehren: sie sollten spanisch lernen, ließ er ihnen sagen. Augsburg, Ulm, vor Allen Konstanz mußte erfahren, was das bedeutete. Diese Stadt hatte sich, um den kaiserlichen Zorn zu stillen, König Ferdinand und dem Interim unterworfen: sobald der König die Stadt in seiner Gewalt hatte, wurde der Katholizismus hergestellt. Hunderte von Predigern mußten in Oberdeutschland vor der kaiserlichen Gewalt von der Stätte einer langen gesegneten Thätigkeit weichen.

Die Deutschen mußten spanisch lernen. Das Reich lag widerstandslos unter dem Gebot des Kaisers. Was er auf dem Augsburger Reichstage der Jahre 1547 und 1548 auch den Ständen zumutete, sie fügten sich. Gelang es Karl jetzt auch noch die Verständigung mit dem Papste herbeizuführen (und wie die Weltlage war, mußte das ja früher oder später gelingen), nahm das Konzil seine Arbeiten in der vom Kaiser geforderten Art und Richtung auf, mußten die Protestanten dieses Konzil beschicken, so ließ sich kaum absehen, wie sie dann noch dem völligen Zurückgleiten unter die Herrschaft des Papstes entrinnen wollten. Und in der That, im September 1549 mußte Paul III. seine Opposition gegen den Kaiser aufgeben. Als er bald darauf starb, war es eine der ersten Handlungen seines Nachfolgers, Julius III., das Konzil, wie es der Kaiser immer gefordert hatte, wieder nach Trient zu verlegen. Karl hatte über den Widerstand der Kurie ebenso vollständig triumphiert wie über die deutschen Protestanten. Als im Jahre 1551 die Verhandlungen des Konzils in Trient von neuem begonnen hatten, erreichte es der Kaiser, daß wenigstens einige protestantische Stände, der Herzog von Württemberg, Kurfürst Moritz von Sachsen und Straßburg, ihre Gesandten nach Trient schickten. Sie wollten sich damit in keiner Weise der päpstlichen Autorität unterwerfen; aber was wäre schließlich das Resultat gewesen, wenn die Dinge sich noch eine Weile in der Richtung fortbewegt hätten, in welche sie seit fünf Jahren geraten waren?

---

Als der Kaiser im Sommer 1530 mit den Kurfürsten über die Wahl seines Bruders zum römischen Könige zu verhandeln

begann, waren die italienischen Diplomaten sehr erstaunt, vom
Kaiser so seinen eigenen Sohn zurückgesetzt zu sehen. Aber dieser
Philipp zählte damals erst drei Jahre. Karl wußte genau, daß
er auch jetzt nur kurze Zeit im Reiche werde verweilen können.
Die bisherige Art seiner Stellvertretung, indem Ferdinand als
Statthalter an der Spitze des Reichsregiments stand, ließ sich
nicht länger aufrecht erhalten. Das Regiment war tot, und
Ferdinand bestand darauf, daß Karl das ihm längst gegebene
Wort einlöse, ihm mit der römischen Königswürde eine feste und
dauernde Stellung im Reich sichere. So setzte er denn nicht
ohne erhebliche Anstrengungen und Opfer durch, daß die Kurfürsten
Ferdinand die begehrte Würde übertrugen und damit die sichere
Anwartschaft auf Nachfolge im Reiche. Sehr anders lagen die
Dinge jetzt. Jetzt war Philipp ein junger Herr von einigen
zwanzig Jahren. Natürlich konnte ja nun freilich Ferdinand die
ihm einmal zugesicherte Nachfolge im Reiche nicht wieder entzogen
werden. Wie aber sollte es nach ihm werden? Der Kaiser sah
in der dauernden Verbindung des Reiches mit Spanien nicht
nur eine unentbehrliche Bürgschaft der Macht seines Hauses,
sondern vor allem auch die einzige Sicherheit dafür, daß im
Reiche fort und fort dieselbe kirchliche Politik befolgt werde.
Von Ferdinand durfte er überzeugt sein, daß er das katholische
Interesse mit demselben Eifer wahren werde, wie er selbst. Wie
aber stand es mit Ferdinands ältestem Sohne, Maximilian, bei
dem eine bedenkliche Hinneigung zu ketzerischen Ansichten vermutet
wurde? Der Kaiser glaubte dem Werke seines Lebens, das er
eben mit dem stolzesten Erfolge gekrönt hatte, nur dadurch Dauer
verleihen zu können, daß nach Ferdinands Tode nicht dessen
Sohn Maximilian, sondern sein Sohn Philipp die Regierung
des Reiches übernehme. In der That, wenn dieser Philipp
länger als dreißig Jahre (er sollte ja bis ans Ende des Jahr=
hunderts leben) die deutsche Reichsgewalt gehandhabt hätte, so
würde wohl das spanische Wesen, von der gewaltig vordringenden
Macht der Jesuiten unterstützt, zu dauernder Herrschaft über
Deutschland gelangt sein, soweit das bei der deutschen Natur
überhaupt möglich war.

 Schon im Jahre 1548 begann der Kaiser die Ausführung

dieses großen Planes vorzubereiten. Zum ersten Male in seinem Leben stieß er da bei König Ferdinand auf hartnäckigen Widerspruch. Es kam so weit, daß eine ernstliche Entfremdung der beiden Brüder drohte, auf deren treuem Zusammenwirken doch alle bisherigen Erfolge zu gutem Teile beruht hatten. Die Königin Marie mußte mehrere Male den weiten Ritt aus den Niederlanden nach Augsburg machen, um einen Bruch unter den Brüdern zu verhüten. Aber endlich setzte der Kaiser auch in dieser wichtigen Frage seinen Willen durch. Im März 1551 einigten sich die beiden Brüder dahin, daß nach Ferdinands Tode die Reichsregierung auf Philipp übergehen solle. Die deutschen Fürsten bewarben sich wetteifernd um die Gunst des spanischen Infanten. Damit schien über die Zukunft Deutschlands in der verhängnisvollsten Weise entschieden zu sein.

Der Kaiser stand auf der glänzenden Höhe seiner Macht. Nicht wie damals im Jahre 1525, wo die Beharrlichkeit und Tapferkeit seiner Feldherren ihm einen unvergleichlichen Sieg errungen hatte: jetzt war er selbst es, der seit zehn Jahren durch Umsicht, Entschlossenheit und Festigkeit Erfolg auf Erfolg gehäuft, nach einander Frankreich, die Protestanten, den Papst, den eigenen Bruder seinem Willen unterworfen hatte. Die habsburgische Weltmacht schien jetzt dauernd begründet zu sein. Das Reich, seit Jahrhunderten seinen Kaisern nichts, als eine meist nutzlose Bürde, gehorchte Karl V. wie nur je einem seiner alten wirklichen Herren. In dieser Fügsamkeit bildete es einen ganz wesentlichen Bestandteil seiner Macht. Allerdings war ja die religiöse Frage noch keineswegs ganz nach dem Sinne des Kaisers gelöst. Das Interim sollte selbstverständlich nur die Brücke bilden, über welche die Ketzer den Weg nach Rom zurückfänden. Und selbst dieses Interim konnte in weiten Gebieten des Reiches doch nur sehr oberflächlich durchgeführt werden, und als Magdeburg es trotzig zurückwies, fand der Kaiser nicht die Kraft, die ungehorsame Stadt zu zwingen. Aber wenn man zurücksah, was der Kaiser seit vier Jahren auch in den kirchlichen Angelegenheiten erreicht hatte, wenn man beobachtete, mit welcher Zaghaftigkeit der Ausgang des Schmalkaldischen Krieges die deutschen Protestanten erfüllt hatte, so ließ sich doch kaum zweifeln, daß der

Kaiser, wenn auch wohl schwerlich die Ketzerei ganz ausrotten, so doch jedenfalls der katholischen Kirche im Reiche die entschiedene Uebermacht zurückgeben werde, eine Uebermacht, welche dann wohl der Sohn der alleinigen Herrschaft nahe bringen könne.

Der Kaiser hatte es durch seine unvergleichliche Geschicklichkeit erreicht, daß ihm während dieser ganzen Zeit, in welcher er sich das Reich unterthänig machte, von Europa her keine Schwierigkeiten entgegentraten. Was aber sollte aus diesem Europa werden, wenn der Siegeszug des Kaisers unaufhaltsam fortging, wenn es ihm namentlich gelang, die Arbeiten des Konzils unter seinem beherrschenden Einflusse beendigen zu lassen? Dann war der Kaiser wieder das wirkliche Oberhaupt der Christenheit, vor welchem die übrigen Könige sich beugen mußten. So aber stand es doch nicht mit den in jener Zeit wirkenden Kräften, daß eine völlige Rückkehr zu der mittelalterlichen Ordnung möglich gewesen wäre. Vor Allen sah Frankreich mit bitterem Verdruß, wie es auf allen Seiten von der Macht des Kaisers enger und enger eingeschnürt wurde. Sein König Heinrich II. teilte zwar den katholischen Eifer des Kaisers viel mehr, als König Franz je gethan hatte; wie aber hätte der französische Herrscher anders gekonnt, als der immer stärker übergreifenden Macht des Kaisers entgegenwirken? Längst suchte er ihm unter der Hand Schwierigkeiten zu schaffen. Seit 1549 finden wir ihn in geheimen Verhandlungen mit verschiedenen deutschen Fürsten, mit den italienischen Gegnern des Kaisers. Auch die Türken kamen wieder in Bewegung. Entscheidend aber wurde, was im Reiche geschah.

Es konnte ja nicht anders sein, als daß die höchst ungewohnte Art des kaiserlichen Regiments mit tiefem Unmut ertragen wurde, da es sich überall, nicht nur für die Protestanten, in der peinlichsten Weise fühlbar machte. Zum ersten Male seit Jahrhunderten erlebten jetzt die Stände, was es hieß, im Kaiser einen wirklichen Herrn zu haben, der sich über seine eigenen Zusagen mit derselben Rücksichtslosigkeit hinwegsetzte, wie über die Interessen und das Herkommen des Reiches. Niemand aber empfand den Druck dieses Zustandes bitterer, als jener Kurfürst Moritz, welcher sich sagen mußte, daß ohne sein Zuthun das Reich nie in eine solche Lage geraten sein würde. Er hatte dem

Kaiser nicht nur zum Siege im Schmalkaldischen Kriege verholfen, er war ihm auch sonst, wie bei der Durchführung des Interim, höchst förderlich gewesen. Und wie wurde ihm nun für alle diesen großen Dienste gelohnt? Allerdings, der sächsische Kurhut und ein Teil des früher von dem gefangenen Johann Friedrich beherrschten sächsischen Gebiets war ihm zu Teil geworden, aber darüber hinaus nahm der Kaiser von ihm keine besondere Notiz. Am wenigsten in einer Angelegenheit, welche Moritz außerordentlich bedrückte. Er hatte einst im Frühling 1547 hauptsächlich die Verhandlungen zwischen dem Kaiser und dem Landgrafen Philipp geführt; er hatte gemeint vom Kaiser das Versprechen erlangt zu haben, daß, wenn sich der Landgraf auf Gnade und Ungnade dem Kaiser unterwerfe, ihm an seiner Person nichts widerfahren werde. Er hatte sich dem Landgrafen und dessen Sohne gegenüber dafür verbürgt. Statt dessen hatte der Kaiser den Landgrafen zu seinem Gefangenen gemacht und, auf den Wortlaut der getroffenen Abrede pochend, behauptet, dabei in seinem Rechte zu sein. Ob nun Kurfürst Moritz glaubte, der Kaiser halte ihm sein Wort nicht, oder (was für einen so klugen Herren fast noch verdrießlicher sein mußte) der Kaiser habe ihn bei jenen Verhandlungen überlistet, die Freilassung des Landgrafen wurde für ihn eine Ehrensache, man könnte fast sagen, eine Lebensfrage. Allmählich schlossen sich ihm darin eine Menge deutscher Fürsten an, auch katholische. Sie sahen in dem Schicksal des Landgrafen gewissermaßen ihr eigenes Los. Statt ihren immer dringenderen Bitten nachzugeben, ließ der Kaiser den Gefangenen nach den Niederlanden bringen.

Kurfürst Moritz war nicht der Mann, so mit sich umgehen zu lassen. Er hatte an Rang und Land gewonnen, aber sehr viel mehr an Ehre und Ansehen verloren, wenn der Kaiser seinen Willen gegen ihn behauptete. Alles protestantische Volk, welches unter des Kaisers Gewalt seufzte, wies auf Moritz, als den hauptsächlichen Urheber seines Unglücks; die Mißstimmung drohte ihm gefährlich zu werden. Die Söhne des Landgrafen forderten von ihm die Einlösung seines Wortes. Alles trieb ihn gegen den Kaiser an, während unter den deutschen Fürsten die Klage über diese unerhörten Zustände immer lauter und endlich sogar des Kaisers Bruder in die Reihe der Unzufriedenen geschoben wurde.

Die Welt hätte eine ganz andere geworden sein müssen, als sie das lebende Geschlecht gekannt hatte, wenn unter solchen Verhältnissen sich nicht Alle, welche von des Kaisers Macht litten, die Hand gereicht hätten. Ganz besonders traten die Führer der deutschen Opposition mit Frankreich zusammen. Nachdem die geheimen Verhandlungen zwischen Moritz und König Heinrich jahrelang gedauert hatten, kamen sie im Januar 1552 zum Abschluß. Hier erst trat der Fluch, welcher sich auf unser Volk gelegt hatte, in seinem ganzen Umfange hervor. Vor zehn Jahren konnten die Schmalkaldener, indem sie sich geschickt auf Frankreich stützten, den Kaiser hindern, seine Absichten gegen ihre Kirche auszuführen, ohne daß wesentliche Interessen des Reiches preisgegeben wurden. Statt dessen hatten es die deutschen Protestanten dahin kommen lassen, daß sie viel zu ohnmächtig am Boden lagen, um von dem Fremden erwarten zu dürfen, daß er ihnen die Hand reiche, ohne einen teuren Preis dafür zu fordern. Ja, sie waren überhaupt als Protestanten gar nicht mehr da. Die starke Gemeinschaft, welche sechszehn Jahre lang die Sache des Evangeliums geschützt hatte, war vom Kaiser zerrissen worden. Es gab nur noch einzelne protestantische Fürsten und Städte. Der Schmalkaldische Bund hatte mit jedem Könige als gleichstehende Macht verhandeln können; der Kurfürst von Sachsen und der Landgraf von Hessen konnten das nicht. Wollten sie den französischen Beistand gewinnen, so mußten sie ihn mit deutschem Lande zahlen.

Für die heutige Empfindung ist es eine unauslöschliche Schmach, daß Kurfürst Moritz und seine Genossen die lothringischen Bistümer an Frankreich preisgaben, um die „viehische Servitut", wie sie sich ausdrückten, abzuwerfen, unter welcher der Kaiser das Reich hielt. Damals kannte der Deutsche keinen Patriotismus, wie ihn der Franzose, der Spanier, der Engländer bereits besaß. Seit einem halben Jahrhundert fochten die deutschen Landsknechte für Jeden, der sie zahlte. Das Reich hatte alle warme Lebenskraft in den letzten dreißig Jahren vollends eingebüßt. Nicht deutsche Kräfte hatten den Kaiser auf die Höhe gehoben, von der aus er jetzt so furchtbar auf alles deutsche Wesen drückte: was wäre im Schmalkaldischen Kriege aus ihm geworden ohne die Spanier und Italiener? Kurfürst Moritz rief deshalb nicht Fremde gegen einen deutschen Kaiser zu Hilfe: er rief Fremde gegen Fremde. Trotz alledem war es höchst schmachvoll, daß deutsche Fürsten deutsches Land an Frankreich verrieten; aber es war höchst segensvoll, daß dieser Verrat die Macht brach, welche dem deutschen Volke nicht einige Bistümer, sondern sein eigenstes Wesen zu rauben drohte. Weder jetzt noch je zuvor war doch dieser Karl V. von deutschen Interessen, deutscher Gefühls- und Denkart bestimmt worden, seine ganze Regierung war vielmehr ein ununterbrochener Kampf gegen das gewesen, was die deutsche Nation im Innersten bewegte. Indem er jetzt seinen spanischen Sohn dem Reiche zum Nachfolger bestimmte, that er das letzte, um in Deutschland die Herrschaft einer fremden Macht für lange zu befestigen. Wer sich die Zukunft des Reiches unter diesem Philipp vorstellt, wird schwerlich geneigt sein, den Verlust von Metz, Toul und Verdun für das schlimmste zu halten, was unser Volk damals treffen konnte.

Die Verschwörung des Kurfürsten Moritz warf den Kaiser bekanntlich vollkommen über den Haufen. Bis vor Kurzem war er die Thätigkeit und Wachsamkeit selbst gewesen; sein scharfer, ruhiger Blick durchdrang die Geheimnisse von Freund und Feind mit selten fehlender Sicherheit. Aber jetzt, wo er so leicht das heranziehende Ungewitter hätte merken können, wo ihm von verschiedenen Seiten dringende Warnungen zugegangen waren, jetzt war er wie mit Blindheit geschlagen. Man meint, plötzlich sei Altersschwäche über ihn gekommen. Er zählte zwar erst zweiundfünfzig Jahre. Aber welche ungeheuren Anstrengungen hatten namentlich die letzten zehn Jahre bei schon bedenklich wankender Gesundheit über ihn gebracht! So saß er wie regungslos in Innsbruck, mit all seinen Gedanken auf das Konzil gerichtet, während die Feinde durch Süddeutschland heraneilten. Er mußte es fast als ein Glück preisen, daß er ihnen nicht in die Hände fiel. Denn mit einem Schlage war der gewaltige Kaiser, vor dem seit Jahren nicht nur das Reich gezittert hatte, hilflos. Sogar der Bruder entzog sich ihm. Die katholischen

Stände blieben seinen Aufrufen taub; denn auch sie hatten in ihm mehr den fremden Herrscher fürchten, als den Schutzherrn ihrer Kirche lieben gelernt.

Von der furchtbaren Katastrophe, welche die Macht des Kaisers im Frühling 1552 niederwarf, hat sie sich nie mehr erholt, und Alles, was er mit unendlicher Mühe in den letzten Jahren für seinen Staat und seine Kirche erreicht hatte, versank in dieser Katastrophe: das Interim wie die Reichsnachfolge des spanischen Prinzen, die Gefangenschaft der beiden Häupter des Schmalkaldischen Bundes, wie die großen auf das Konzil gesetzten Hoffnungen. Als das Heer der protestantischen Fürsten in Tirol eindrang, stob die Versammlung, welcher sich der deutsche Protestantismus hatte beugen sollen, auseinander. Der Kaiser sollte ihren Wiederzusammentritt nicht mehr erleben. Ja, die Dinge gestalteten sich so, daß den Protestanten mehr gewährt werden mußte, als sie selbst vor dem Unglücke des Schmalkaldischen Krieges hatten erwarten dürfen. Die deutschen Stände verlangten nach dem Ende der zuletzt unerträglich gewordenen Wirren und da Ruhe nur um den Preis der Anerkennung der neuen Kirche erreicht werden konnte, wurde von katholischer Seite selbst dieser Preis gewährt.

Aber zu dieser Verleugnung seines Lebensziels war der Kaiser nicht zu bewegen. Er hat die Unerschütterlichkeit seiner katholischen Ueberzeugungen selten schroffer ausgesprochen, als in jenen Tagen des tiefsten Unglücks, wo er, ein machtloser Flüchtling, in Villach seinem Bruder den notwendig gewordenen Friedensschluß mit den protestantischen Siegern auf das äußerste erschwerte. Und da er dann, obwohl sich der Horizont wieder etwas aufgehellt, die Unmöglichkeit erkennen mußte, den Ketzern Konzessionen zu verweigern, durch welche Alles vereitelt wurde, was er seit vierunddreißig Jahren im Reiche für Rom erstrebt hatte, da zog er lieber seine Hand vom Reiche zurück und überließ es seinem Bruder, das Unleidliche zu vollziehen. Mit dem Augsburger Religionsfrieden hat er nichts zu thun gehabt.

Das war das Ergebnis dieser langen, unendlich mühevollen Regierung, daß dem Kaiser schließlich der fast schon gesicherte Triumph über die Reformation doch wieder entrissen wurde.

Die Weltmacht Karls V. hatte das Werk Luthers nicht zu zerstören vermocht; die deutsche Nation sollte sich unter dem überwiegenden Einfluß des reformatorischen Geistes weiter entwickeln. Das aber hatte die seltene Beharrlichkeit dieses Kaisers erreicht, daß im Reiche zwei Bekenntnisse mit fast gleicher Macht nebeneinander standen und in Verhältnissen, welche immer neue Kämpfe unvermeidlich machten. Den im Schmalkaldischen Krieg errungenen Sieg hatte er nicht behaupten können; aber die in diesem Kriege gemachten Erfahrungen blieben Protestanten wie Katholiken lange im Gedächtnis; jene scheuten vor ähnlichem Wagnis zurück. Der große Sinn, der einst im Schmalkaldischen Bunde gewaltet hatte, konnte nicht wieder aufleben. Es war dem Kaiser nicht gelungen, das Reich auch für die Zukunft unmittelbar an Spanien zu fesseln; aber er hatte spanischen Einfluß im Reiche so fest begründet, daß derselbe noch fast hundert Jahre fort und fort auf jene Kämpfe zwischen den beiden Bekenntnissen zu Ungunsten der Protestanten die stärkste Einwirkung übte. Wohin man blickt, überall begegnet man den tiefen Spuren, welche die Thätigkeit dieses Herrschers zurückgelassen hat.

# Inhalt.

Vorwort S. 3.

Macht der äußeren Umstände S. 5. Lage der Welt bei Karls V. Geburt S. 6. Die Kaiserkrone S. 7. Der Wahlkampf S. 8 f. Karls Sieg S. 10. Des Kaisers kirchliche und politische Stellung S. 10 f. Der Kaiser und Luther in Worms S. 11 f. Das Wormser Mandat S. 12. Zustand des Reiches S. 12 f. Krieg des Kaisers mit Frankreich S. 13. Das Papsttum S. 13 f. Leo X. S. 14 f. Das Kardinalskollegium S. 16. Wahl Adrians VI. S. 16. Karl V. und Adrian S. 17. Adrians Ende S. 18. Verhalten der deutschen Obrigkeiten zu Luther S. 19. Die Reformation vom Volk getragen S. 20. Reich und Reichsregiment S. 21. Die katholischen Stände S. 22. Die ersten Nürnberger Reichstage S. 23. Pavia S. 24 f. Der Bauernkrieg S. 26. Seine wirklichen Ursachen S. 26 ff. Der dritte Nürnberger Reichstag S. 29 f. Wie der Kaiser seine Beschlüsse behandelt S. 31. Die Lage des Reiches S. 32. Bauernkrieg und Reformation S. 33. Lange Unthätigkeit des Statthalters und aller anderer Obrigkeiten S. 34 f. Wirkung des Bauernkrieges auf die Reformation S. 35. Clemens VII. S. 36 ff. Wendet sich gegen den Kaiser S. 38. Zorn des Kaisers S. 39. Vollständiger Bruch zwischen Kaiser und Papst S. 40. Eroberung und Plünderung Roms durch das kaiserliche Heer S. 41 f. Angriff auf die Grundlagen der römischen Kirche durch die Gebrüder Valdés S. 43 f. Friede zwischen Kaiser und Papst S. 45. Sachsen und Hessen für Luther S. 46. Lähmung der katholischen Stände S. 46 f. Der Speierer Reichstag von 1526 S. 47. Begründung der evangelischen Kirche S. 48. Erweiterung und Hemmung der habsburgischen Macht durch die Erwerbung von Böhmen und Ungarn S. 49. Der Speierer Reichstag von 1529 S. 50 ff. Die Protestanten S. 53. Der Augsburger Reichstag von 1530 S. 53 f. Veränderte Stellung des Kaisers S. 54 ff. Die katholischen Stände S. 59 ff. Der Schmalkaldische Bund S. 62. Der Nürnberger Friede S. 62 f. Neuer Aufschwung der Reformation S. 63. Wirkung der kaiserlichen Politik auf Reformation und Reich S. 64 ff. Segensreiche Thätigkeit des Schmalkaldischen

Bundes S. 67. Ausbreitung des Protestantismus über Europa S. 67 f. Versuche friedlicher Verständigung S. 68. Des Landgrafen Philipp Doppelehe und Vertrag mit dem Kaiser S. 69. Mißgriffe des Schmalkaldischen Bundes S. 69 f. Triumph der kaiserlichen Politik S. 70 f. Notwendigkeit des Kampfes mit den Protestanten für den Kaiser S. 71 f. Der Schmalkaldische Krieg S. 73 ff. Der Kaiser Herr im Reich S. 76. Jesuiten und Inquisition S. 77. Neuer Kampf zwischen Papst und Kaiser S. 78 f. Das Interim S. 79. Sieg des Kaisers über den Papst S. 80. Er sichert seinem Sohne Philipp die Nachfolge im Reich S. 81. Glänzende Stellung des Kaisers S. 82. Verbindung deutscher Fürsten mit Frankreich gegen den Kaiser S. 83 ff. Jäher Sturz des Kaisers S. 86 f. Sein Rücktritt S. 87. Seine Wirkungen S. 88.